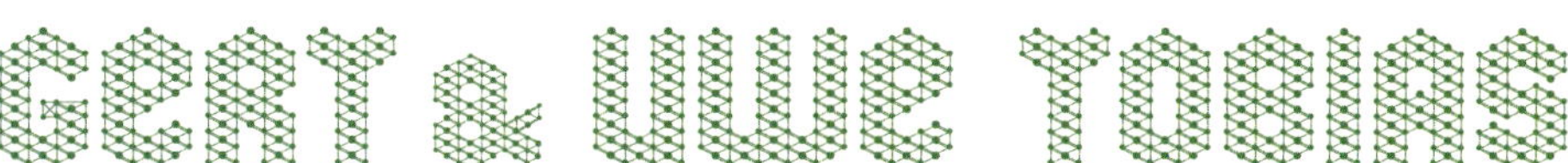

WILHELM-HACK-MUSEUM
LUDWIGSHAFEN AM RHEIN

KERBER
EDITION YOUNG ART

GRUSSWORT

„Die Kunst hat kein Vaterland", hat Carl Maria von Weber einst festgestellt – und doch braucht sie ein Zuhause, wenn auch nur auf Zeit.

Das Wilhelm-Hack-Museum ist ein solches Zuhause – für KünstlerInnen und Kunst. Und es öffnet zugleich die Tore für ein interessiertes Publikum aus der gesamten Metropolregion Rhein-Neckar und darüber hinaus: Für Menschen, für die Kunst mit dem Leben zu tun hat, für uns als regionale Genossenschaftsbank, die Kultur fördert.

Das Schaffen zeitgenössischer Künstler ist stets zugleich Lebensform und Lernprozess, fordert Kommunikation, knüpft Beziehungen. Sie reflektieren Umwelt, Natur und Kreatur – und sie laden uns Betrachter zur Teilhabe ein. So auch die Zwillinge Gert und Uwe Tobias, deren Werke aus einem Blick in die Vergangenheit Station in der Gegenwart machen und dabei Zukunft erahnen lassen. Auch für uns als genossenschaftlich organisierte Bank ist Teilhabe Prinzip, und daher möchten wir mit der Förderung dieser Ausstellung des international renommierten Künstlerduos mit viel Überzeugung einmal mehr den Bogen vom Leben zur Kunst möglich machen.

Wir wünschen dieser innovativen Schau viel Erfolg.

Dr. Wolfgang Thomasberger
Stellvertretender Vorstandsvorsitzender der VR Bank Rhein-Neckar eG, Mannheim/Ludwigshafen

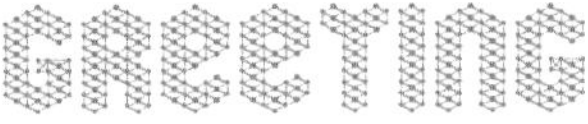

GREETING

"Art has no fatherland," Carl Maria von Weber once said – and yet it really does need a home, even if only a temporary one.

The Wilhelm-Hack-Museum is such a place, for both artists and art. At the same time, it opens its gates to an interested viewing public from across the entire Rhine-Neckar metropolitan region and beyond: to people for whom art is important, and to us, as the regional cooperative bank that promotes culture.

Contemporary art is always a life-form and, at the same time, a learning process that is tireless in fostering communication and building relationships. It reflects the environment, nature and creation, and invites us to take part. This is what the twins Gert and Uwe Tobias are doing in these works, whose vantage point in the present allows them to survey the past, and to anticipate the future. For us as a cooperative bank, participation is also a matter of principle, which is why we are so pleased to be sponsoring this exhibition by the internationally renowned artist duo, and thereby once again demonstrating the connection between life and art that we so firmly believe in.

We wish this innovative show every success.

Dr. Wolfgang Thomasberger
Vice-Chairman of the VR Bank Rhein-Neckar eG, Mannheim/Ludwigshafen

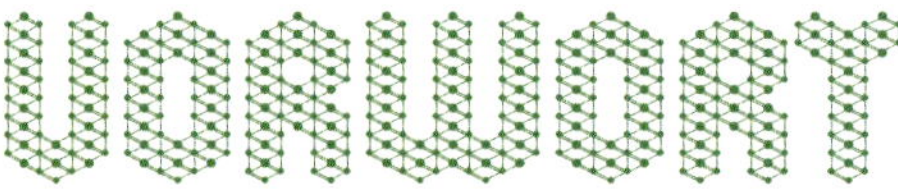

Vorwort

Mit ihren großformatigen, bunten und höchst eigenwilligen Holzschnitten sind Gert und Uwe Tobias nach Ausstellungen im New Yorker Museum of Modern Art, im Kunstmuseum Bonn und andernorts einem großen Publikum bekannt geworden. Umso mehr freut es uns, dass die viel gefragten Künstler unserer Ausstellungseinladung in die Rudolf-Scharpf-Galerie des Wilhelm-Hack-Museums gefolgt sind! Wir möchten hier einen ganz spezifischen, bislang noch wenig bekannten Aspekt ihres Schaffens vorstellen: Denn, neben den großen und repräsentativen Farbholzschnitten haben die Tobias-Brüder stets kontinuierlich an einem skurrilen „Bildkosmos“ auf kleinformatigen Papieren gearbeitet, der den Betrachter in eine vollkommen andere Welt entführt: bevölkert von geisterhaften, ephemeren Gestalten, die vage an Hieronymus Bosch oder Francisco Goya erinnern, verzerrten Fratzen und hexenartigen Physiognomien, die sich als ironisch-spielerischer Verweis auf die transsilvanische Herkunft der beiden aus der ‚Dracula-Region‘ verstehen lassen und doch auch ganz andere Fantasiewelten erschließen.

Daneben gibt es ebenso liebe- wie fantasievolle und originelle „Schreibmaschinenzeichnungen“, die – wenngleich mit ganz anderen bildnerischen Mitteln – diesen skurrilen und zunächst fremdartig scheinenden Bildkosmos auf wunderbare Weise ergänzen und erweitern.

Die Idee für eine Ausstellung mit Gert und Uwe Tobias entstand im Kontext der Vorbereitungen zu der großen Surrealismus-Ausstellung, die – nunmehr parallel zur Tobias-Schau – im Wilhelm-Hack-Museum und im Kunstverein Ludwigshafen gezeigt wird. Die Kontinuität in der Freiheit surrealer Imaginationskraft bis in die unmittelbare Gegenwart hinein zu zeigen, war in der Zusammenschau der Projekte unser großes Anliegen. Wir freuen uns besonders darüber, dass wir nun in Ludwigshafen ganz neue, bislang noch nicht gezeigte Arbeiten von Gert und Uwe Tobias präsentieren dürfen.

Mein Dank geht zunächst an Alexander Eiling, der Ausstellung und Katalog als Kurator und Autor zusammen mit den beiden Künstlern konzipiert und erarbeitet hat. Herzlich danken möchten wir auch der Volks- und Raiffeisenbank Ludwigshafen, namentlich Dr. Wolfgang Thomasberger und Thomas Gleßner, ohne deren großzügige Unterstützung die Ausstellung kaum möglich gewesen wäre, sowie dem Ehepaar Hans und Jutta Heinzmann für ihr Engagement.

Sarah Nöllenheidt hat dem Katalog eine vorzügliche Gestalt verliehen, Katrin Günther und Kathleen Herfurth vom Kerber Verlag danken wir herzlich für den verlegerischen Einsatz.

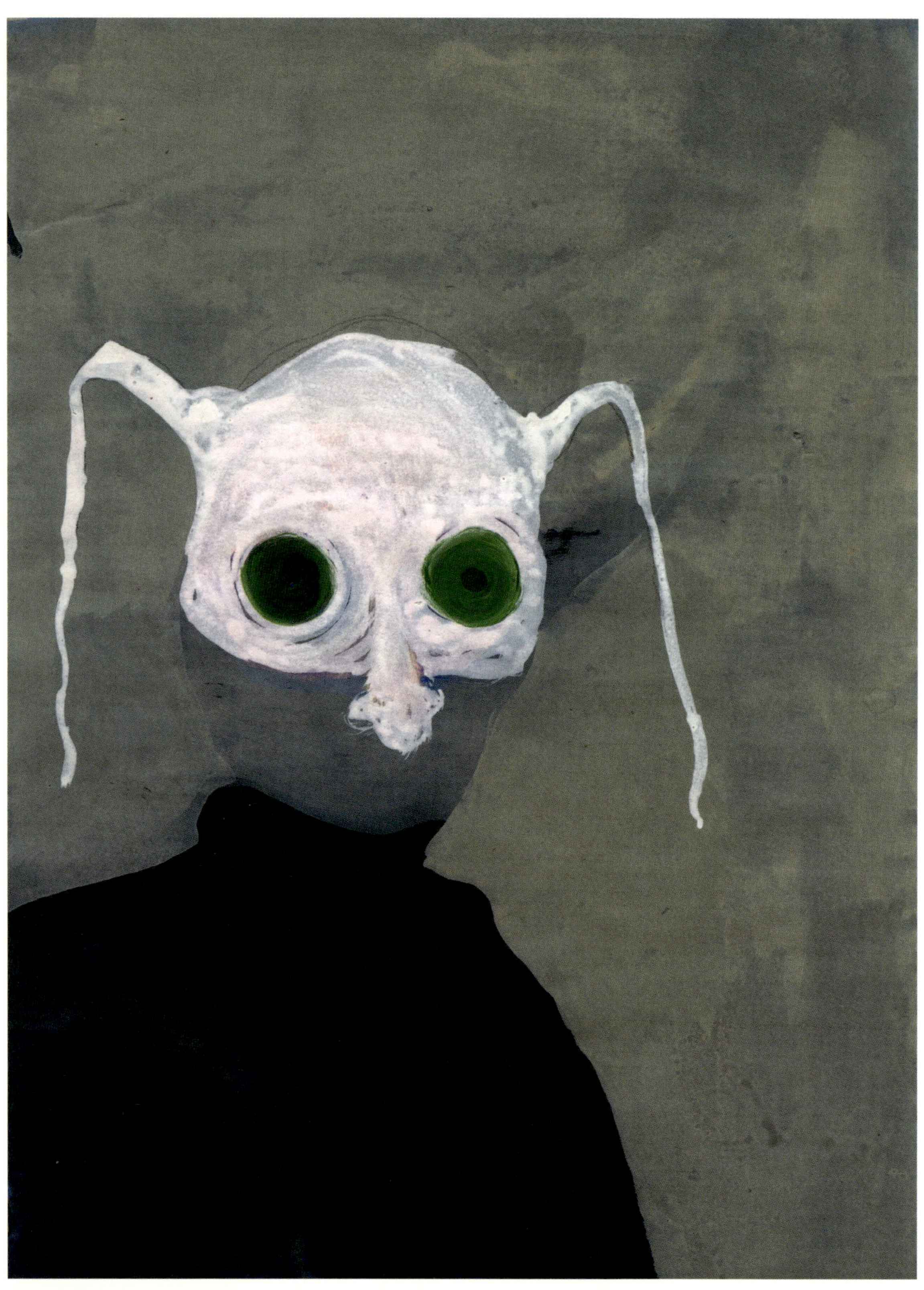

Mein größter Dank aber gilt natürlich Gert und Uwe Tobias selbst für ihr Interesse und ihre Bereitschaft, ihre neuen Arbeiten hier in Ludwigshafen auszustellen. Einschließen möchte ich in diesen Dank auch die Galerie CFA Berlin sowie Alistair Overbruck, der uns als Ansprechpartner im Tobias-Atelier jederzeit zur Verfügung stand und unser Projekt in allen Phasen tatkräftig unterstützt hat.

Reinhard Spieler
Direktor des Wilhelm-Hack-Museums

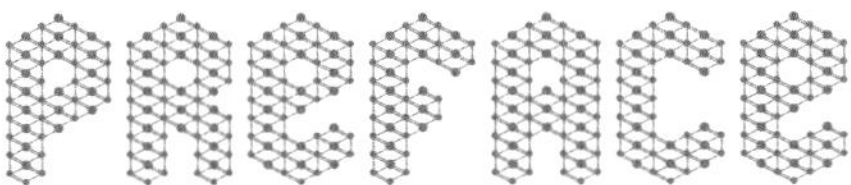

PREFACE

Gert and Uwe Tobias' exhibitions of their large, colourful and highly idiosyncratic woodcuts at the New York Museum of Modern Art, the Kunstmuseum Bonn and elsewhere have introduced them to a wide public. We are therefore all the more pleased that these artists, who are in great demand, have accepted our invitation to exhibit their works in the Wilhelm-Hack-Museum's Rudolf-Scharpf-Gallery! Here, we would like to present a very specific but hitherto little-known aspect of their work: in addition to their large and imposing coloured woodcuts, the Tobias brothers have continuously developed a bizarre "picture cosmos" on small sheets of paper which transports the viewer to a completely different world. One that is populated by ghostly, ephemeral forms vaguely reminiscent of Hieronymus Bosch or Francisco Goya, and by distorted grimaces and witch-like physiognomies, which can be seen as ironic and playful allusions to the two artists' Transylvanian roots in the "Dracula region", while also opening up completely different fantasy worlds.

Add to these their "typewriter drawings," which are as charming as they are imaginative and original. Though they employ totally different visual media, they complement and augment this weird and initially unsettling picture cosmos marvellously.

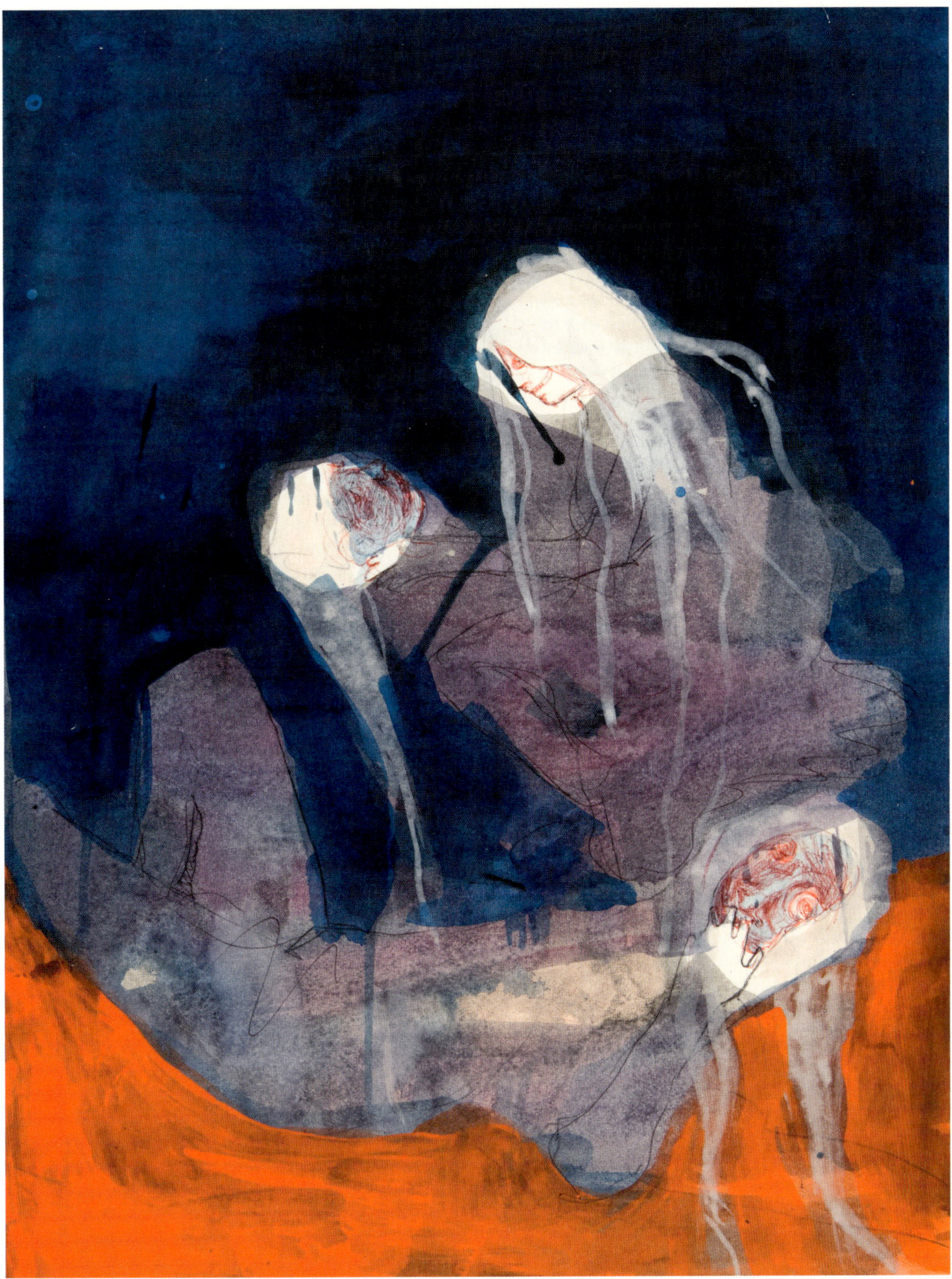

The idea for an exhibition by Gert and Uwe Tobias came up during the preparations for the great Surrealism exhibition – which is now running parallel to the Tobias show – at the Wilhelm-Hack-Museum and the Kunstverein in Ludwigshafen. When conceptualising this project our main concern was to show the continuity of surreal imagination in all its freedom, right up to the present day. We are particularly pleased to be able to present new works by Gert and Uwe Tobias that have never been shown before.

We are very grateful to Alexander Eiling who, together with the two artists, conceived and developed the exhibition and catalogue as curator and author. We would also like to thank the Volks- und Raiffeisenbank in Ludwigshafen, in particular Dr. Wolfgang Thomasberger and Thomas Gleßner, without whose generous support it would have been almost impossible to put on this exhibition, and to Hans and Jutta Heinzmann for their commitment.

Sarah Nöllenheidt made the catalogue look superb, and we would also like to thank Katrin Günther and Kathleen Herfurth from Kerber Verlag for taking care of the publication work.

Most of all, of course, I would like to thank Gert and Uwe Tobias personally for their interest and willingness to exhibit their new work here in Ludwigshafen. I would also like to extend these thanks to the CFA Gallery Berlin as well as to

Alistair Overbruck, who was available at the Tobias' studio to answer our questions at any time and who actively supported our project at every stage.

Reinhard Spieler
Director of the Wilhelm-Hack-Museum

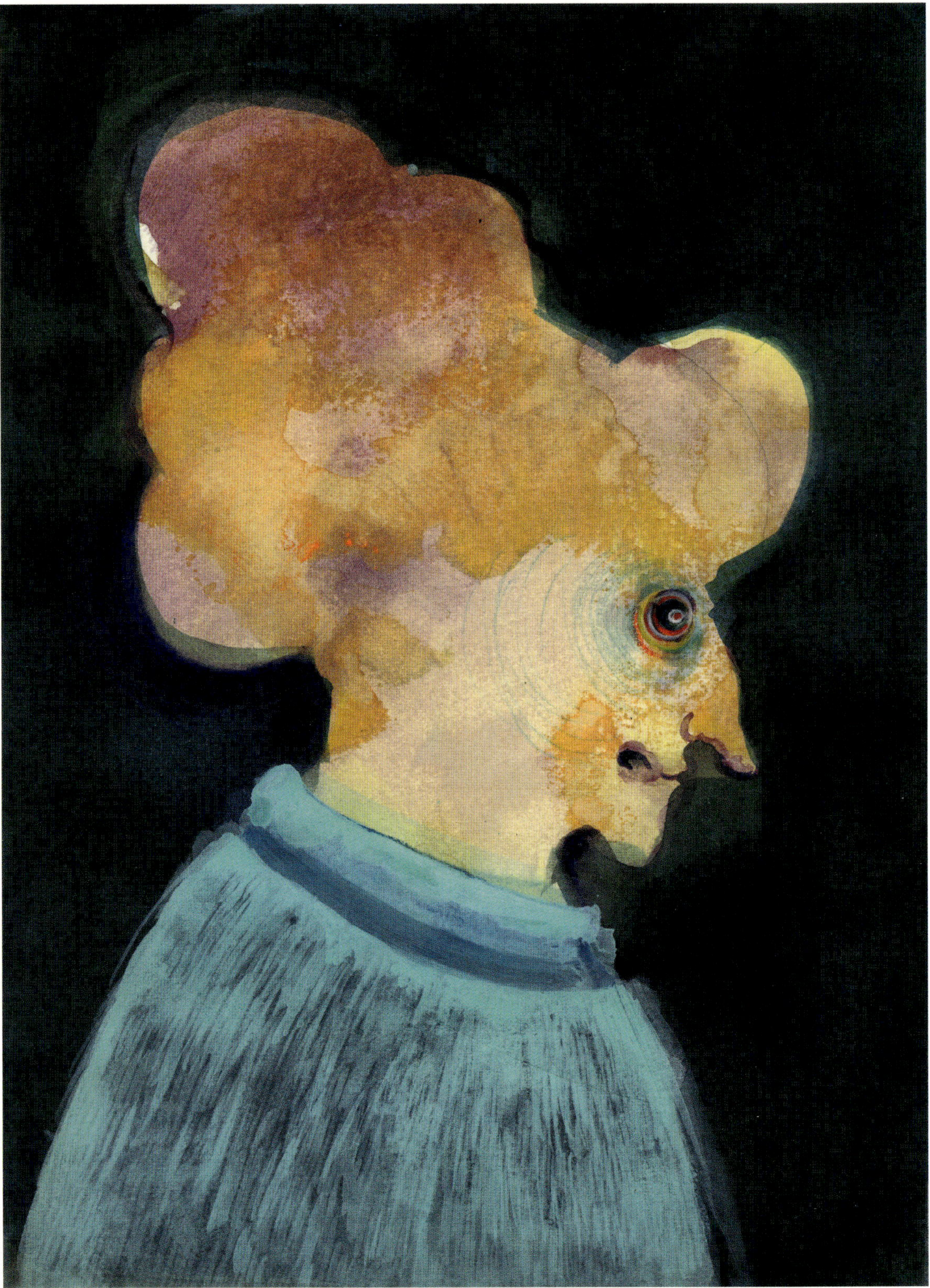

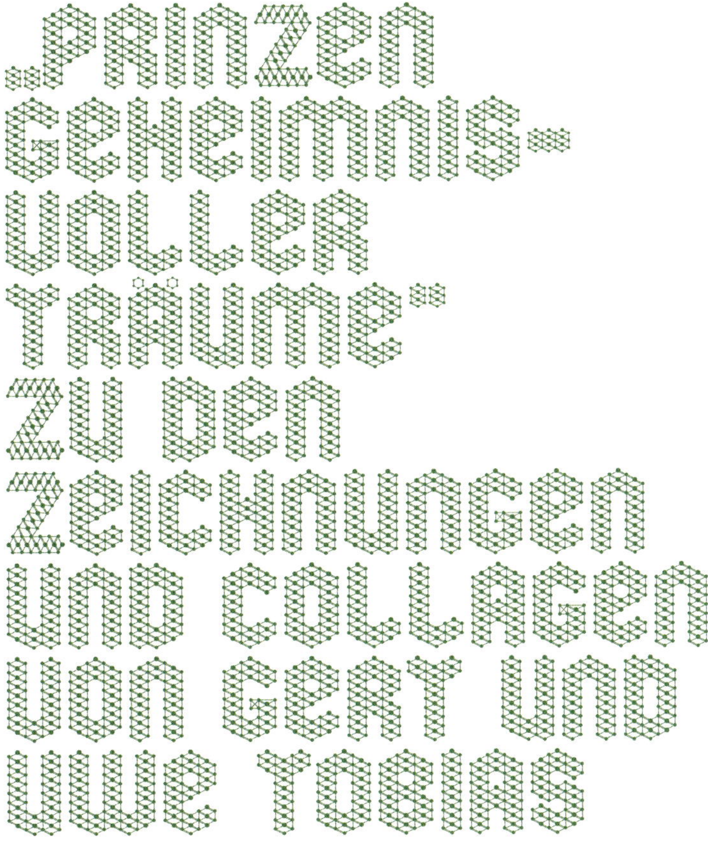

Alexander B. Eiling

Die Geschichte klingt fast zu schön, um wahr zu sein. Ein in Köln lebendes Brüderpaar aus Transsilvanien erobert das New Yorker Museum of Modern Art mit volkstümlich angehauchten, überdimensionalen Holzschnitten aus gemeinschaftlicher Produktion. Dies sind scheinbar die zentralen Schlagworte einer Berichterstattung über Gert und Uwe Tobias, die in den letzten Jahren in der Kunstwelt und den Feuilletons gleichermaßen kursierten und den Blick auf die Künstler und ihr Werk stark verkürzten.[1] In der Zwischenzeit haben beide eine beeindruckende Reihe von Ausstellungen realisiert, in denen sie immer wieder mit dem Dracula-Mythos ihres Heimatlandes kokettieren und auf diese Art unsere stereotype Vorstellung von authentischer Karpatenexotik und osteuropäischer Volkskunst ironisch infrage stellen.[2] Parallel zu den Holzschnitten entstanden kleinformatige Zeichnungen, die sich durch ihre vielfältige und innovative Gestaltungsweise aus Acrylfarbe, Kugelschreiber und Collage einerseits sowie dem reinen Typendruck der Schreibmaschine andererseits auszeichnen. Beide bilden zwei weitgehend eigenständige Werkkomplexe im Schaffen der Brüder und sollen im Mittelpunkt der folgenden Ausführungen stehen.

1 Vgl. Tim Ackermann, „Ein Vampir kommt selten allein", in: *Monopol*, Nr. 8, 2007, S. 63–68; Ingeborg Ruthe, „Zeichen aus der Zwillingswerkstatt. Die Siebenbürgischen Tobias-Brüder machen den Kunstmarkt wild. In New York und Berlin", in: *Berliner Zeitung*, 18.12.2007, S. 25.

2 u.a. Stefan Gronert und Matthia Löbke, *Gert & Uwe Tobias*, Ausstellungskatalog Kunstmuseum Bonn, Köln 2008; Kestnergesellschaft Hannover (Hrsg.), *Gert & Uwe Tobias*, Köln 2009; Anita Shah und Gerald Matt, *Gert & Uwe Tobias*, Ausstellungskatalog Museum Franz Gertsch, Burgdorf, Köln 2009.

Schon der Begriff „Zeichnung" mag nicht recht auf die satt mit verdünnter Acrylfarbe getränkten Papiere zutreffen. Schicht um Schicht haben die Künstler Pigmente aufgetragen, gewässert und wieder abgebürstet, bis schließlich ein atmosphärisch dichter Zustand aus differenzierten Tonwerten entstanden ist, der eine malerische Wirkung aufkommen lässt und den Resonanzraum für ein Panorama skurriler Gestalten bildet, deren Züge mit Kugelschreiber oder Buntstiften in das Papier förmlich gekratzt sind: Mondgesichter mit breit grinsenden Fratzen, puppenhafte Körper und schlanke, totemartige Stelen aus unterschiedlichen Bausteinen zusammengesetzt erscheinen geisterhaft isoliert vor dem vielfach abgestuften und sorgsam strukturierten Fonds (Abb. 1). Die Figuren variieren in all ihrer Vielfalt eine Reihe von Grundtypen, die immer wieder in neuen Kombinationen auftreten, dabei aber den Gesamteindruck des Betrachters prägen: Es sind vorrangig die Motive einer Bauersfrau, eines Harlekins mit Narrenkappe, einer Figur mit strähnigen Haaren, überlangem Hals und Vasenkörper; daneben Mischwesen aus Tier und Mensch sowie mehrköpfige Gestalten mit Mänteln und Röcken in osteuropäischer Tracht. Häufig handelt es sich um Paarkonstellationen, deren Beziehung sich auf den ersten Blick nicht eindeutig erschließt. Einmal scheinen sie unterschwellig polare Spannungen zum Ausdruck zu bringen, ein anderes Mal zitieren sie affektierte Posen aus Modemagazinen, die den Künstlern als Vorlage gedient haben.

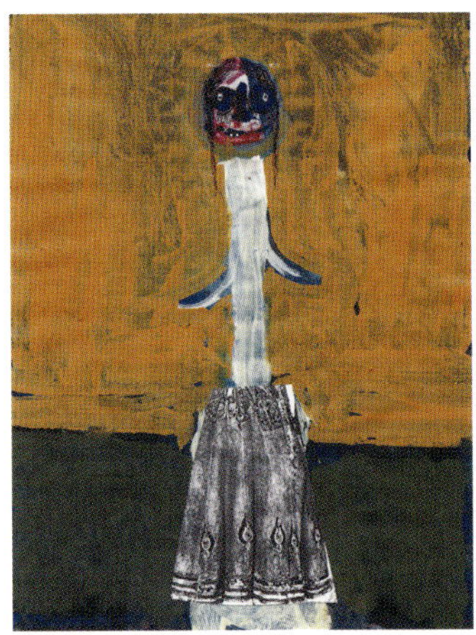

1 **Gert und Uwe Tobias, ohne Titel, Mischtechnik auf Papier, 2008**

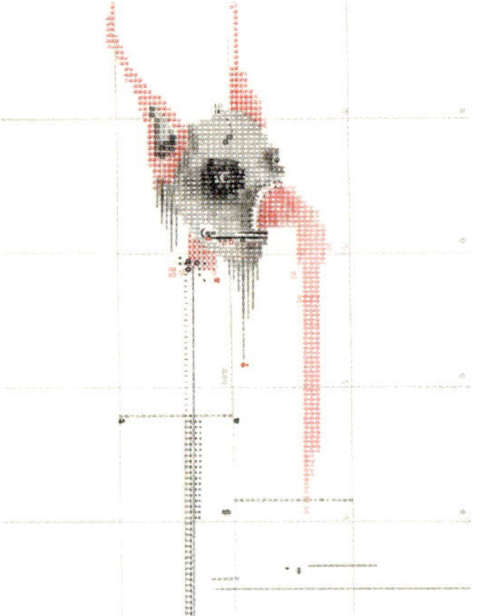

2 **Gert und Uwe Tobias, ohne Titel, Schreibmaschine auf Papier, 2008**

Wie in einem Capriccio entwerfen die Tobias-Brüder in diesen Arbeiten zahlreiche groteske Begegnungen eines Figurenrepertoires, das sie über Jahre hinweg sorgsam in Skizzen entwickelt haben und seither in unterschiedlichen Techniken durchspielen. All dies wird dargeboten in einem seltsamen Nebeneinander aus genauer Beschreibung und der Evokation von Unbestimmtheiten, die sich vor allem durch die vielfachen Übermalungen einstellen: ein Spannungsverhältnis aus kindlich spielerischer Freude an der Gestaltung und dem Erzeugen von Unbehagen angesichts von Szenerien, die sich erzählerischer oder ikonografischer Zusammenhänge verweigern. Spontan treten hierbei Bilder von Francisco de Goya, James Ensor und Edvard Munch vor Augen. Bildnerisch verwandt erscheint aber vor allem Odilon Redon, dessen surreal anmutende Kohlezeichnungen der 1880er Jahre, die *Noirs*, ihm den Spitznamen „Prinz geheimnisvoller Träume“ eingebracht hatten, den man nur zu gerne auch auf die Tobias-Brüder übertragen möchte.

Wie in einem Traum mischen sich im Werk der Zwillinge die Ebenen des Realen und des Imaginierten, fügen sich heterogene Bildgegenstände zu neuen Strukturen und erwecken den Eindruck von Inkohärenz und Mehrdeutigkeit. Dieser wird unterstützt durch das Prinzip der Collage, einer gestalterischen Strategie, die sich seit ihren Anfängen in der dadaistischen und surrealistischen Bewegung durch die Kombination vordergründig unzusammenhängender Bestandteile auszeichnet und den homogenen Bildraum aufbrechen und verfremden möchte. Fragmente verworfener Zeichnungen dienen den Tobias-Brüdern dabei ebenso als verwendbares Material wie Kopien oder Ausschnitte aus Zeitschriften und Büchern. Vogelköpfe, Arme und Augen, Tonkrüge, Stoffe und auch ganze Figuren können Bestandteile der künstlerischen Auswahl sein. Dieses Zusammentreffen wesensfremder Realitäten dient jedoch nicht nur der Irritation. Die Verschiedenheit der Materialien schärft auch den Blick für die delikaten malerischen und zeichnerischen Strukturen, von denen sich die eingeklebten Elemente deutlich absetzen.

Erscheinen in diesen Arbeiten einzelne Buchstaben und Satzzeichen aus dem Typenalphabet der Schreibmaschine vor allem in den Gesichtern der Figuren, so haben Gert und Uwe Tobias dieser künstlerisch unorthodoxen Technik mit den so genannten Schreibmaschinenzeichnungen einen eigenen Werkkomplex gewidmet (Abb. 2). Auch hier mag der Begriff allein schon unzutreffend sein, handelt es sich doch im eigentlichen Sinne um Druckgrafiken, die durch Anschläge der Schreibmaschinentypen auf rotem oder schwarzem Farbband entstehen. Punkte, Kommata, X und O, Plus- und Minuszeichen werden zu Figuren, Textblöcken oder konstruktiven Turmgebilden arrangiert, die entfernt an Relikte von Monumentalplastiken des Stalinismus erinnern. Trotz der reduzierten grafischen Mittel entstehen außergewöhnlich komplexe Motive mit einer dem Medium fremden, zeichenhaften Dynamik. Die Blätter werden im Verlauf ihrer Entstehung nicht statisch in die Maschine eingespannt, sondern stets bewegt, sodass horizontale und vertikale Strukturen die Kompositionen durchdringen.

Durch die Verwendung unterschiedlich stark gesättigter Farbbänder können zudem Zwischentöne erzeugt werden, die einzelne Bildelemente in den Vorder- oder Hintergrund treten lassen. Mit wenigen Zeichen gelingt es den Brüdern, Gesichtsausdrücke und Emotionen in einer knappen Bildsprache zu Papier zu bringen. Durch das Aufeinandertreffen und Überlagern verschiedener Buchstabentypen und

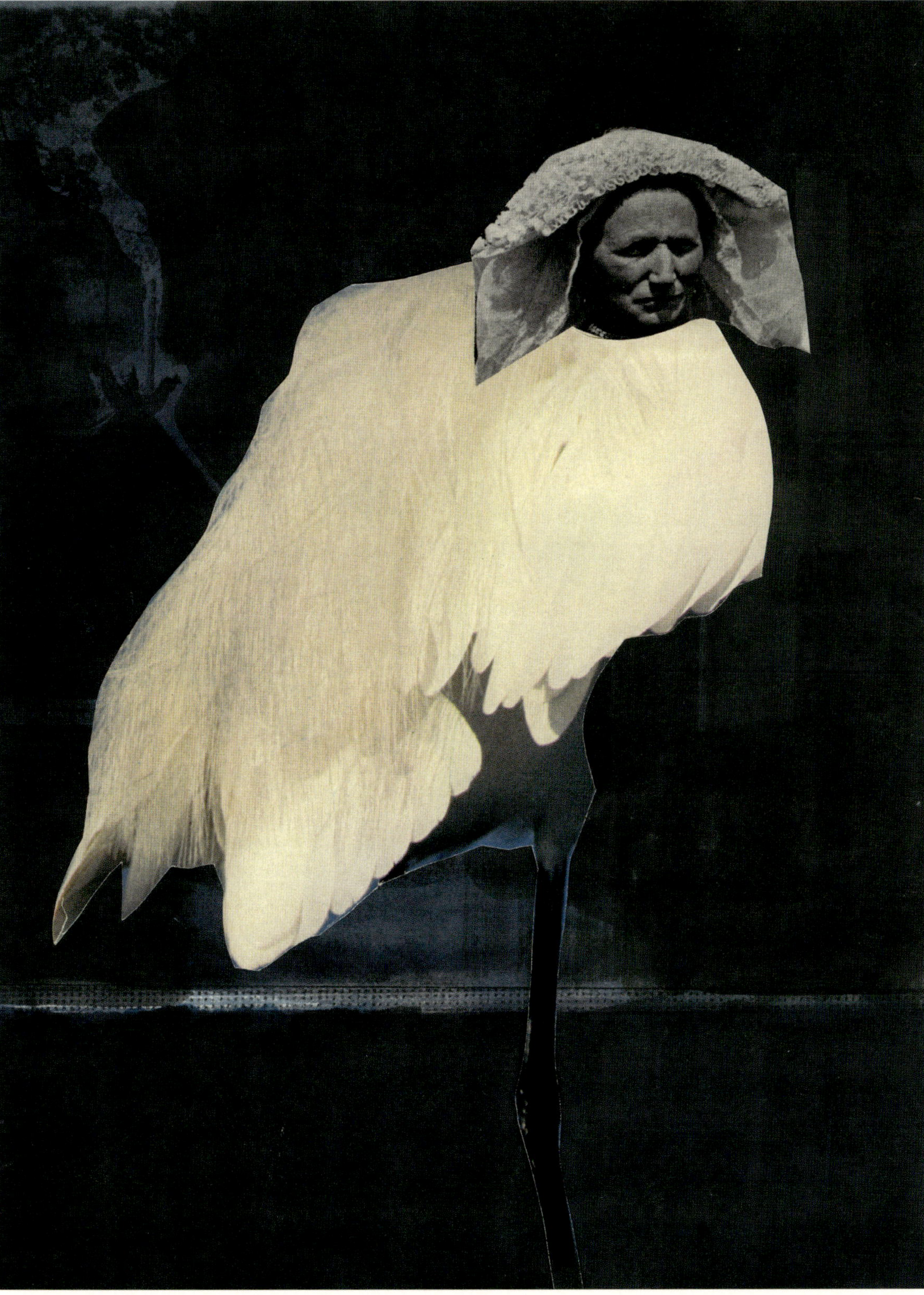

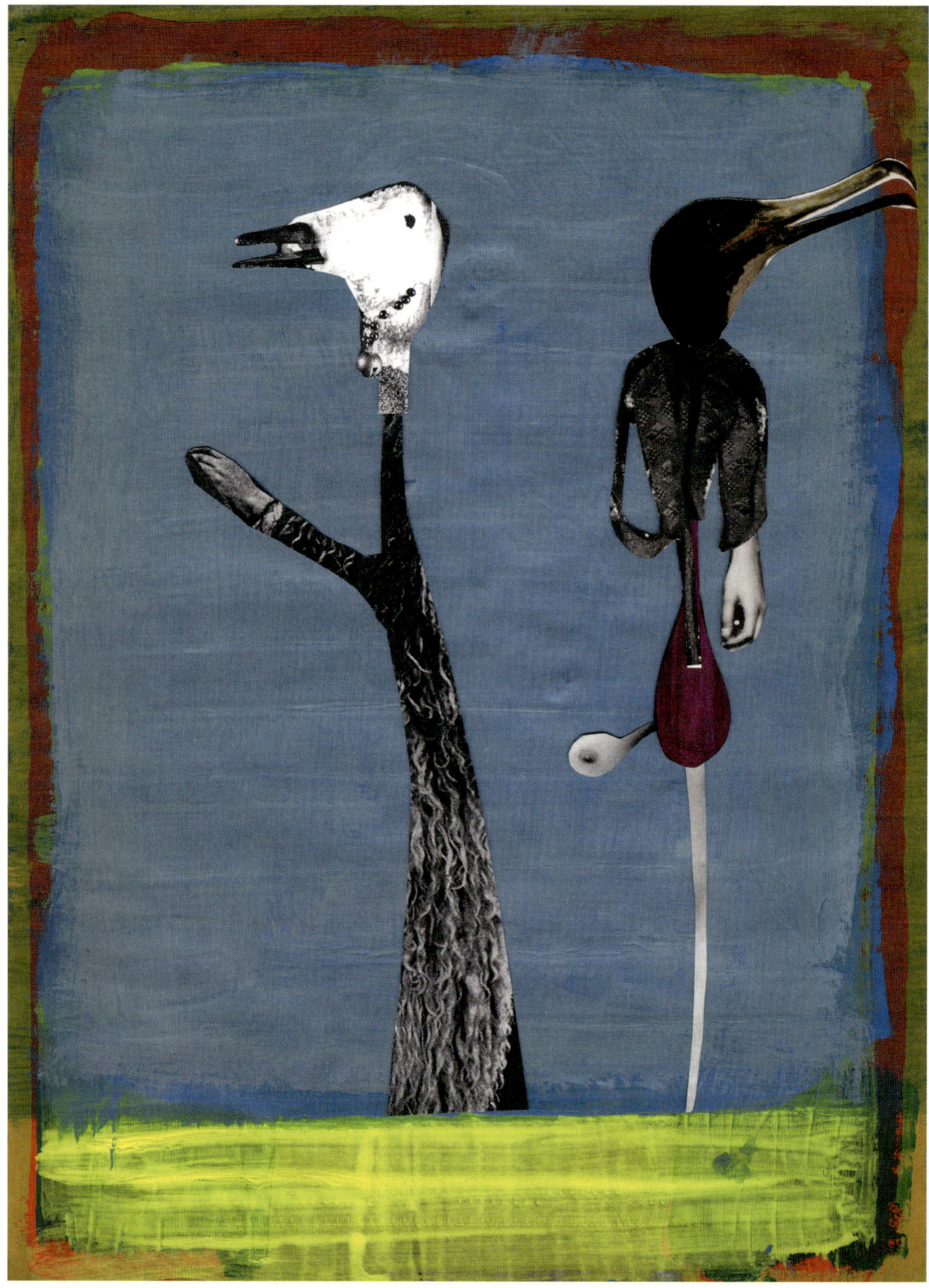

Satzzeichen entsteht ein hoch differenziertes und vielfältiges „Schriftbild", das seine Nähe zu Stickmustervorlagen nicht verleugnen kann.

Hierin unterscheiden sich die Blätter von den minimalistischen Schreibmaschinenzeichnungen eines Carl Andre, den akkurat konstruierten Wortbildern eines Christopher Knowles oder den Schriftbildern der konkreten Poesie, die vom gedruckten Wort, der Sprache, ausgehen, während das Typenalphabet für die Tobias-Brüder zunächst einmal ein Arsenal unterschiedlicher Zeichenangebote und Strukturen bereithält, die jederzeit frei einzusetzen sind.

In diesem Universum an figürlichen Elementen und gegenständlichen Motiven sind die Versatzstücke osteuropäischer Volkskunst ein konstanter Bezugspunkt. Beide Künstler sind als Angehörige der deutschen Minderheit auf einem Bauernhof in Rumänien aufgewachsen und erst mit zwölf Jahren nach Deutschland gekommen. In ihren Zwanzigern kehrten sie erstmals wieder dorthin zurück und lassen seitdem eine Vorliebe für die Folkloretradition und das künstlerische Erbe der alten Heimat in ihren Arbeiten erkennen. Anregungen erhalten sie durch Literatur über die siebenbürgisch-sächsische Stickerei bis zur geografisch

3 u. a. Herta Wilk, *Siebenbürgisch-sächsische Leinenstickereien aus Tartlau*, Bukarest 1974; Aleksander Jackowski und Jadwiga Jarnuskiewiczowa, *Polnische Volkskunst*, Berlin 1968.

entfernten polnischen Volkskunst, von der rumänischen Keramikware bis zu Ornamentfibeln und Musterbüchern.[3]

Kopiert, ausgeschnitten und aufgeklebt, finden einzelne Bestandteile aus diesen Büchern ihren Weg in die Zeichnungen und erscheinen dort als mitunter befremdliche Relikte einer anderen Zeit. Manche Motive aus Bildbänden mögen als entfernte Vorlagen gedient haben wie die Maske des Todes aus dem polnischen Laliki mit ihrem runden Gesicht, der dreieckigen Nase, dem offenen Mund und den auffällig hervorstehenden Zähnen (Abb. 3) oder die fast surreal anmutenden *Langen Kerle* aus Dobra (Abb. 4), deren fremdartige Kostümierung zwischen bäuerlicher Folklore und Schreckgestalt changiert.

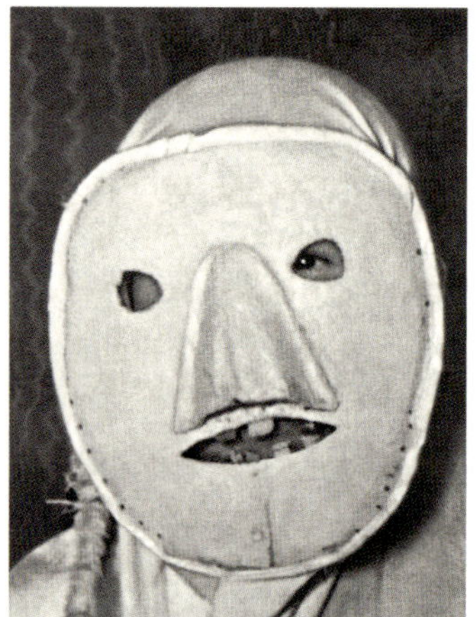

3 **Maske des Todes aus Laliki (Polen), Foto aus dem Jahr 1956**

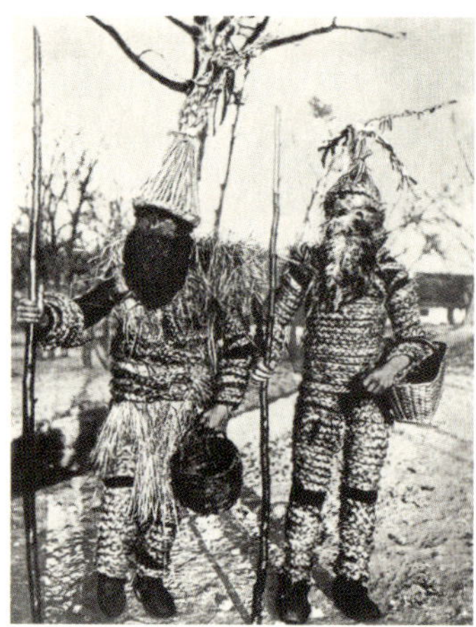

4 ***Lange Kerle* aus Dobra (Polen), Foto aus dem Jahr 1912**

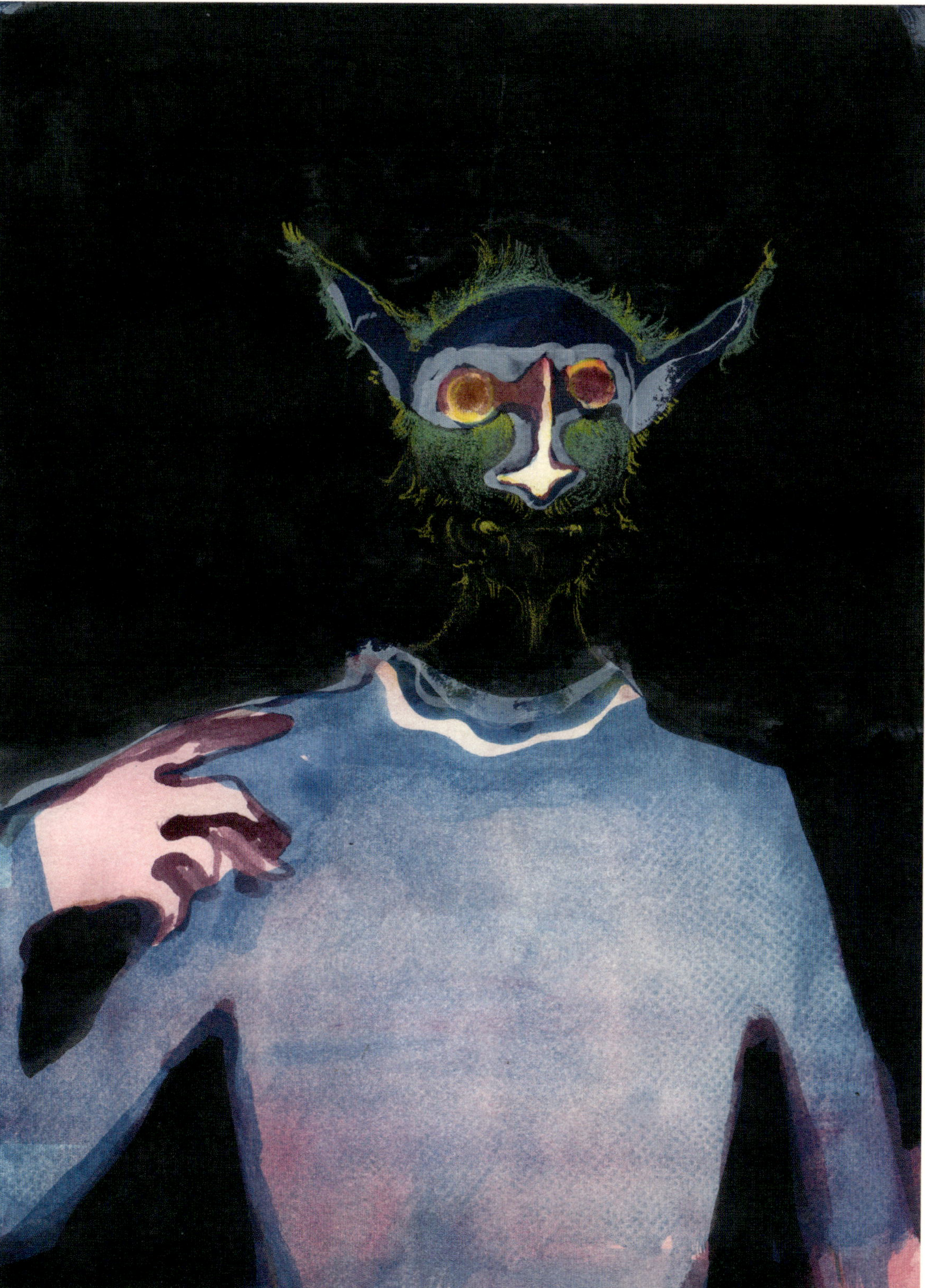

Auch kompositorisch greifen die Künstler auf Stilprinzipien der Volkskunst des slawischen Raums zurück. Auf dunklem Grund aufgetragene helle, leuchtende Töne zur Erzeugung einer melancholischen Stimmung zählen zu den charakteristischsten Eigenschaften der Blätter und begegnen uns unter anderem sowohl bei russischen Lackarbeiten als auch bei folkloristischen Märchenszenen Wassily Kandinskys. Die Kompaktheit und Vereinfachung der Formen, der Verzicht auf Individualisierung der Dargestellten sowie eine statisch symmetrische Komposition bei vorwiegend frontaler Anordnung bilden weitere Orientierungspunkte.

Die Brüder befinden sich dabei in kunsthistorisch bester Gesellschaft, waren doch Anleihen an dieser als ursprünglich und unverfälscht empfundenen Ausdrucksform ein wichtiger Ausgangspunkt für die Entwicklung der Abstraktion zu Beginn des 20. Jahrhunderts. Von der russischen Avantgarde bis zum deutschen Expressionismus dienten Hinterglasbilder, Stickereien und Stoffmuster als willkommene Inspirationsquellen auf der künstlerischen Suche nach einer Vereinfachung der Form unter gleichzeitiger Steigerung der Farb- und Ausdruckswerte. Es zählt zu den besonderen Qualitäten der Kunst der Tobias-Brüder, dass sie diese in ihrer Biografie angelegten Einflüsse aufgreifen, isolieren und unvoreingenommen mit ihrer sehr persönlichen Ideen- und Vorstellungswelt zu einem äußerst innovativen und poetischen Bilderkosmos verknüpfen.

Beide hier angeführten Werkgruppen sind in ihrer technischen Vielfalt das Ergebnis einer langsamen und prozesshaften Entwicklung, die aus Überarbeitungen und dem fortwährenden Austausch zweier künstlerischer Vorstellungen besteht. So werden die Papiere, von denen im Verlauf der Herstellung etwa zehn bis fünfzehn gleichzeitig entstehen, zwischen Gert und Uwe Tobias mehrfach hin- und hergetauscht und weiterentwickelt, bis schließlich ein Schwebezustand zwischen Skizzenhaftigkeit und Vollendung erreicht ist, den beide als ästhetisch befriedigend ansehen. Bob Nickas hat für dieses Vorgehen den Begriff des „Cadavre Exquis" verwendet, jenes surrealistischen Gesellschaftsspiels, in dem es darum geht, einen Satz oder eine Zeichnung durch mehrere Personen konstruieren zu lassen, ohne dass die Spieler von der Mitarbeit des jeweils Vorhergehenden Kenntnis erlangen.[4] Die künstlerische Strategie der beiden gestaltet sich jedoch weitaus bewusster, als dass sie mit einem bloßen Spiel des Zufalls zu vergleichen wäre. Ein „Händescheiden" im kunsthistorischen Sinne, d. h. die Unterscheidbarkeit des Anteils jedes Einzelnen, ist kaum möglich. Auch sind im Gegensatz zu den aus dem Cadavre Exquis hervorgehenden Zeichnungen die Resultate von einer vollkommenen stilistischen Homogenität geprägt, die keineswegs auf zwei unterschiedliche Hände hindeutet. Diese gemeinsame Autorenschaft ist bemerkenswert, da sie

4 **Bob Nickas, „Cadavre Exquis", in: *Gert & Uwe Tobias*, Köln 2007, S. 86–91, hier S. 91.**

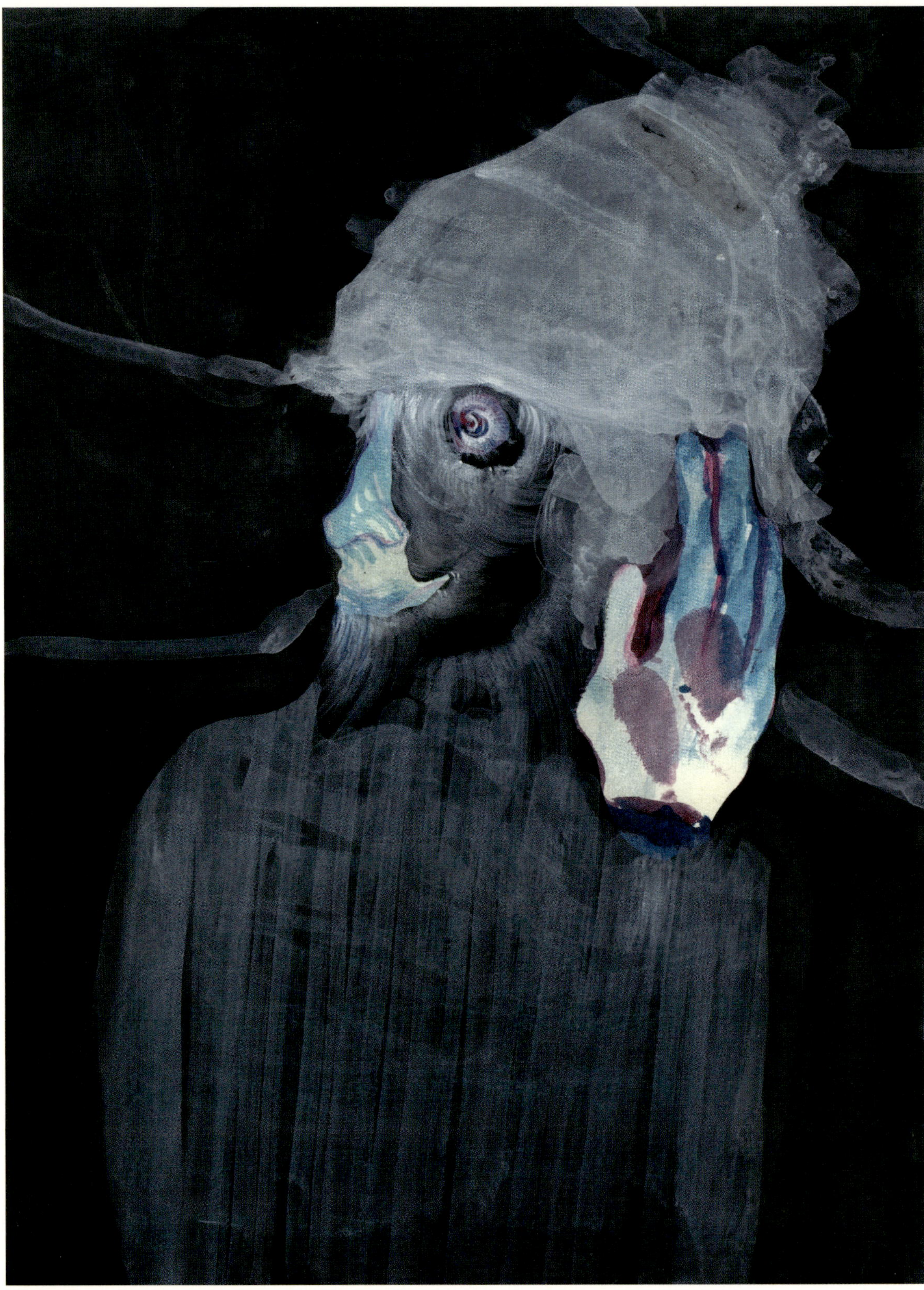

nicht nur ein weitgehend übereinstimmendes ästhetisches Empfinden erfordert, sondern auch eine nahezu symbiotische Art und Weise des Kunstschaffens.

So sind die Zeichnungen der Tobias-Brüder künstlerisches Experimentierfeld und autonomer Werkkomplex zugleich, offenbaren sie doch einen Bildkosmos, der aus den unterschiedlichsten Einflüssen gespeist eine unverwechselbare visuelle Sprache hervorgebracht hat, die sich durch alle von den Brüdern zum Einsatz gebrachten Techniken zieht. Folglich erscheint es nur konsequent, dass die kleinformatigen Papierarbeiten in einem regen Austausch mit den Holzschnitten stehen, sozusagen das Ideenreservoir

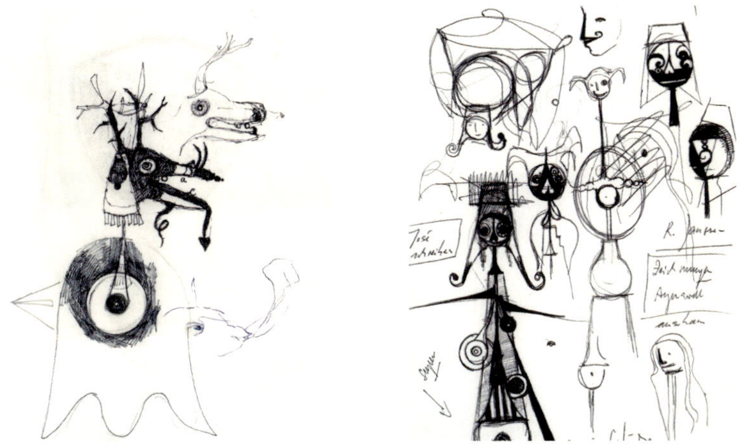

5 **Gert und Uwe Tobias, Skizzenbuch (Details), 2009**

bilden, aus dem die Künstler schöpfen. In den Zeichnungen wird das Potenzial der Figuren für die Druckgrafiken erprobt, werden verschiedene Konstellationen durchgespielt, um zu möglichst einprägsamen Motiven zu gelangen (Abb. 5). Von den malerisch aufgefassten Blättern in Acryl zu den Schreibmaschinenzeichnungen durchlaufen die Darstellungen einen Prozess zunehmender formaler Verknappung und grafischer Klärung, wie er für den Holzschnitt notwendig ist. Dabei ist es nicht ausgeschlossen, dass sich der Kreis der Bildfindung wieder schließt und Figuren aus dem Holzschnitt erneut einen zeichnerischen Prozess durchlaufen, um sich quasi wieder schöpferisch zu verjüngen und neu zu erfinden.

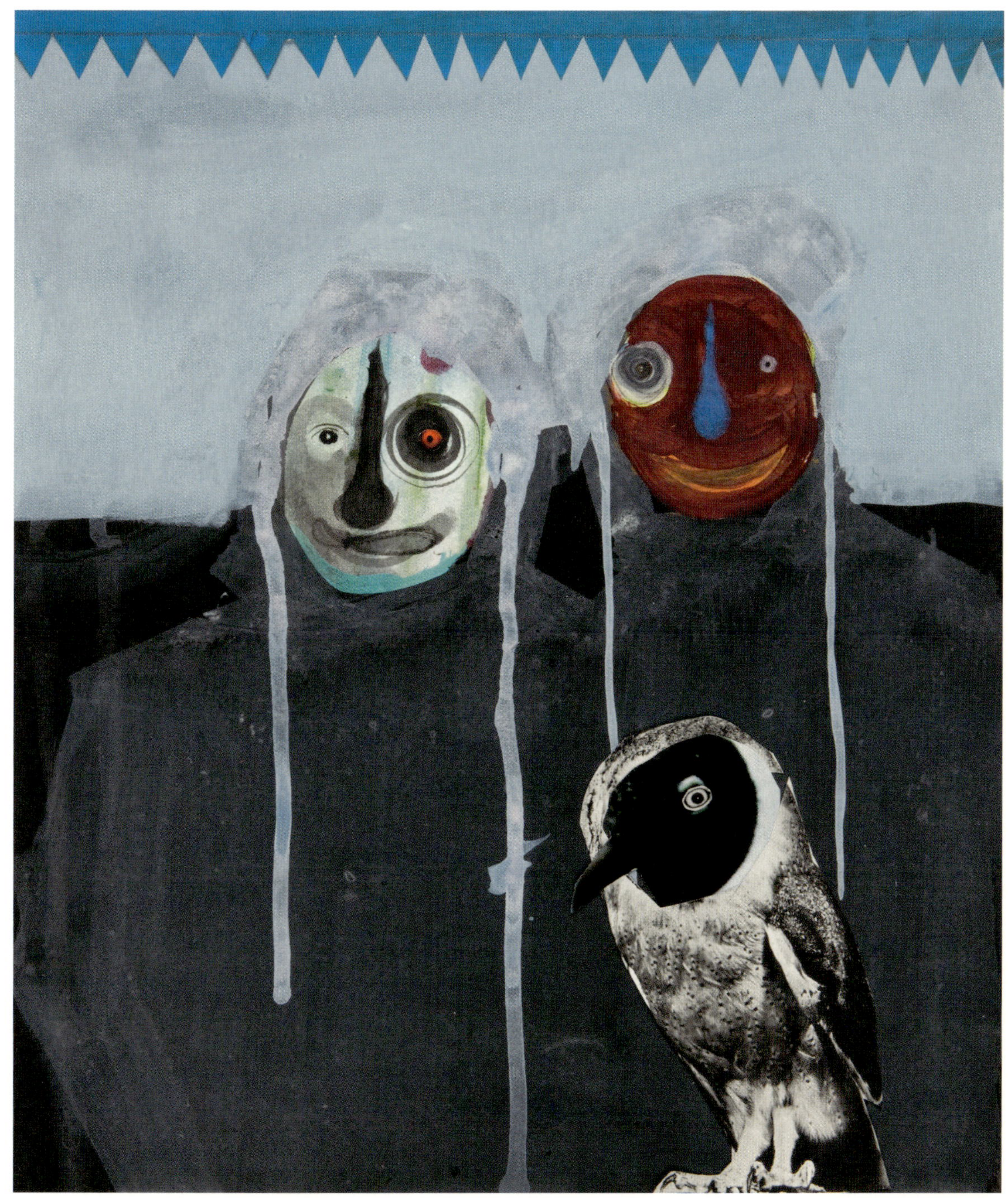

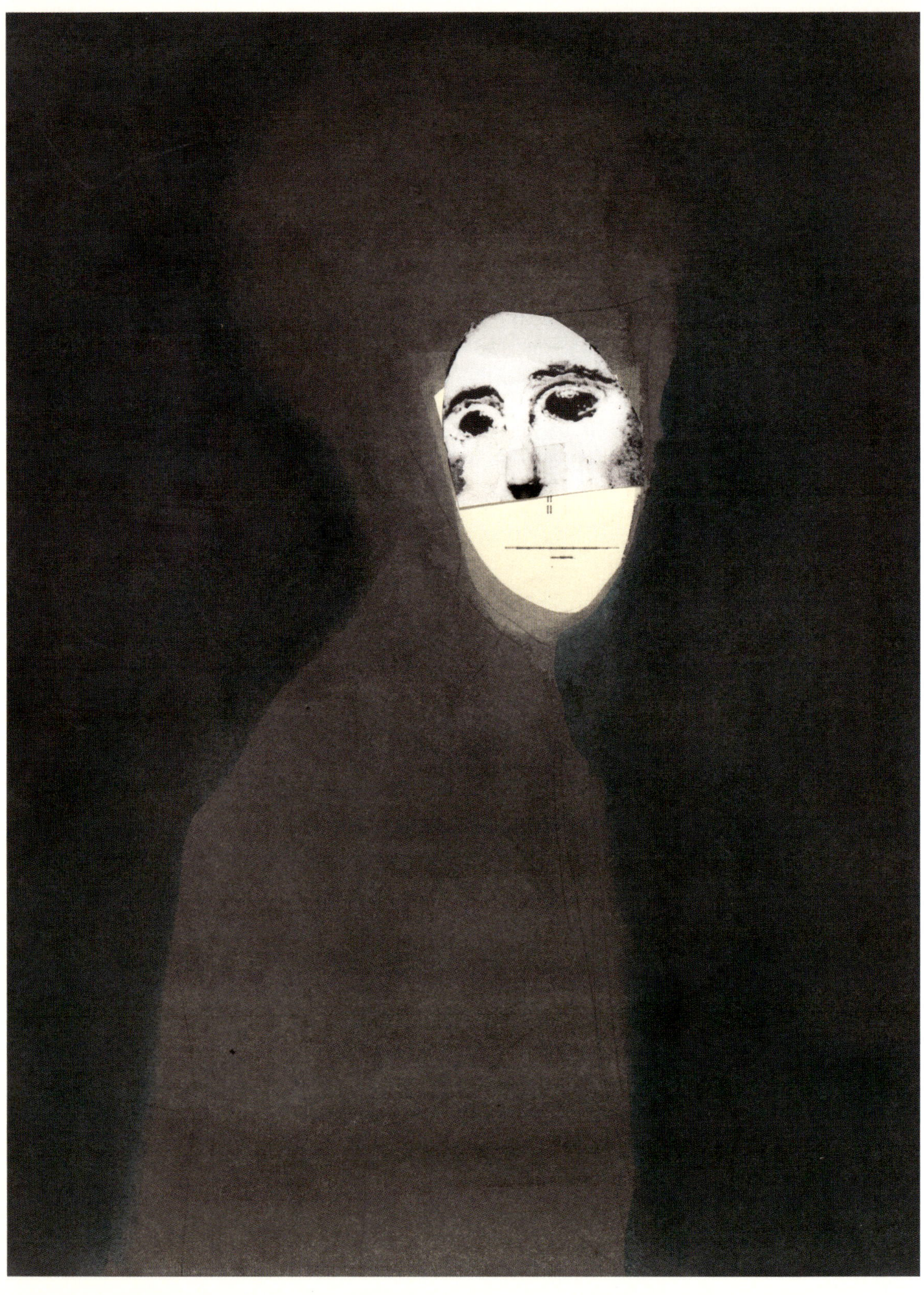

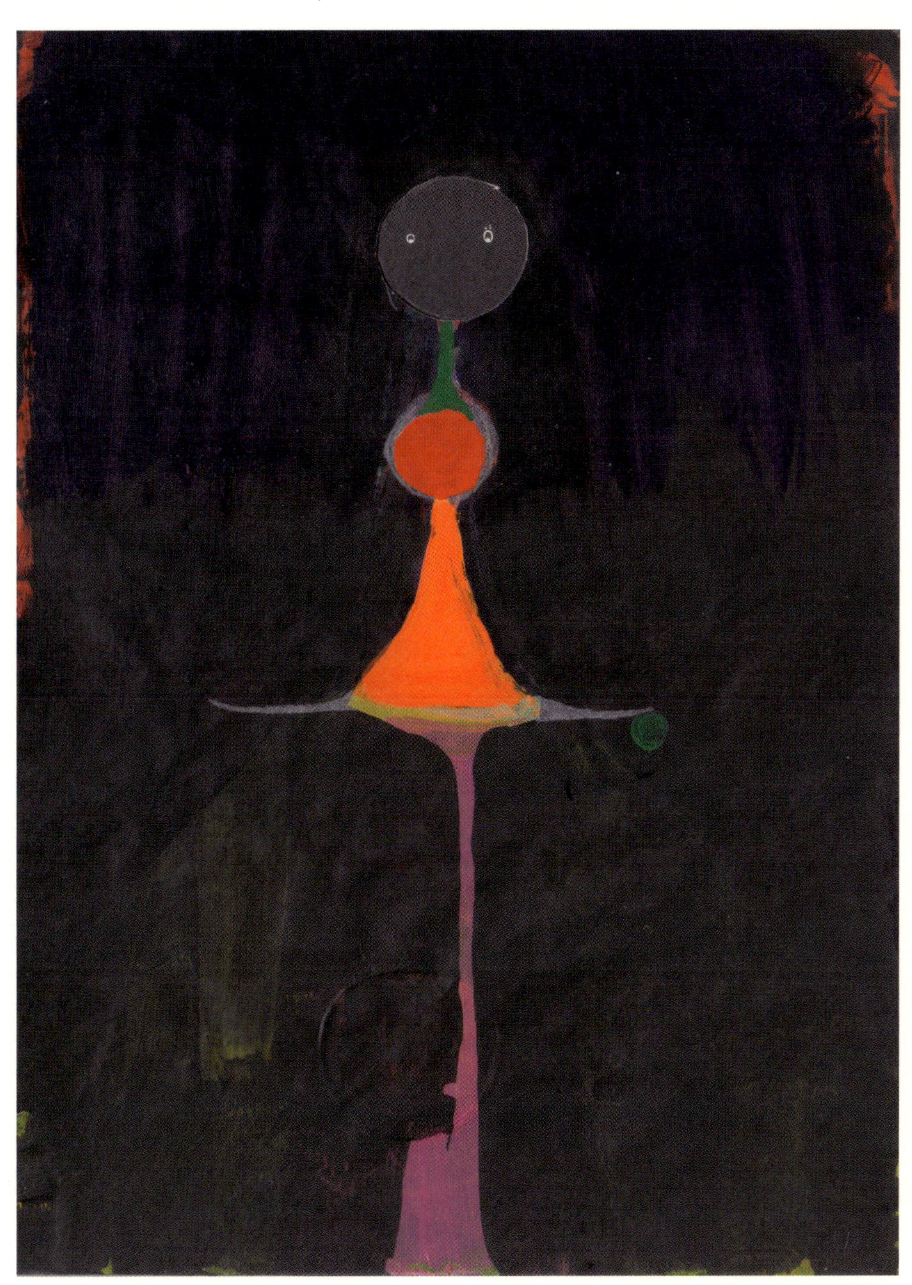

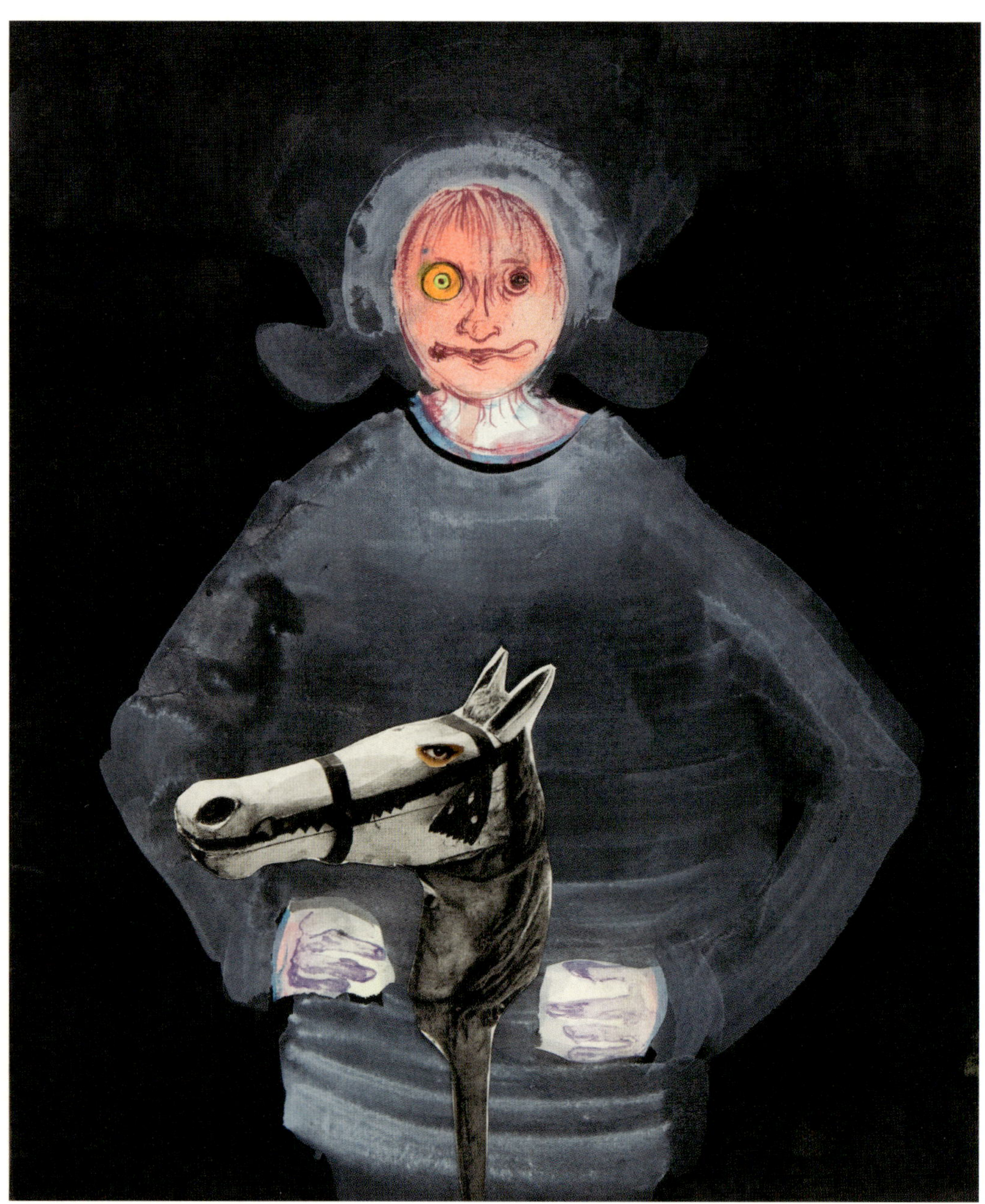

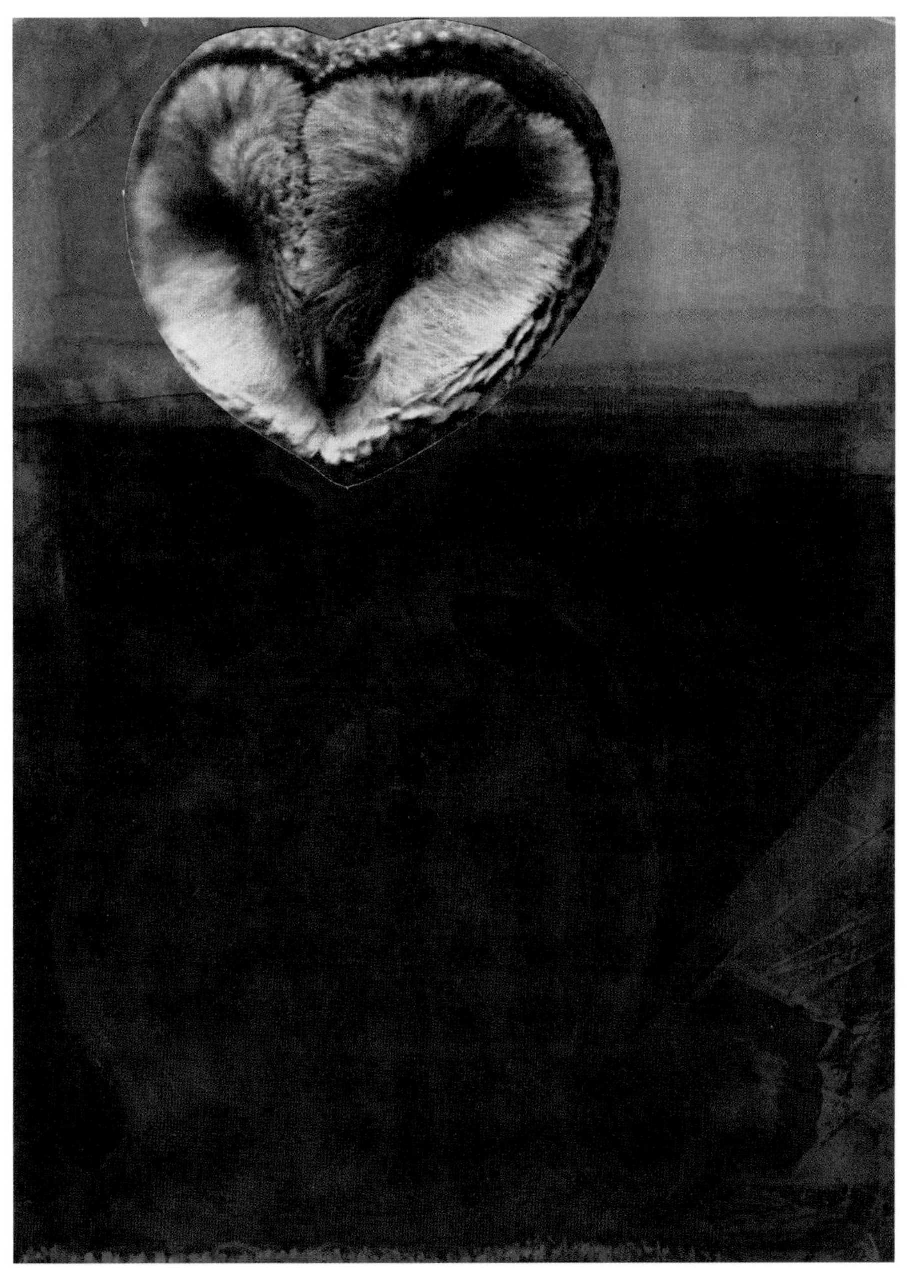

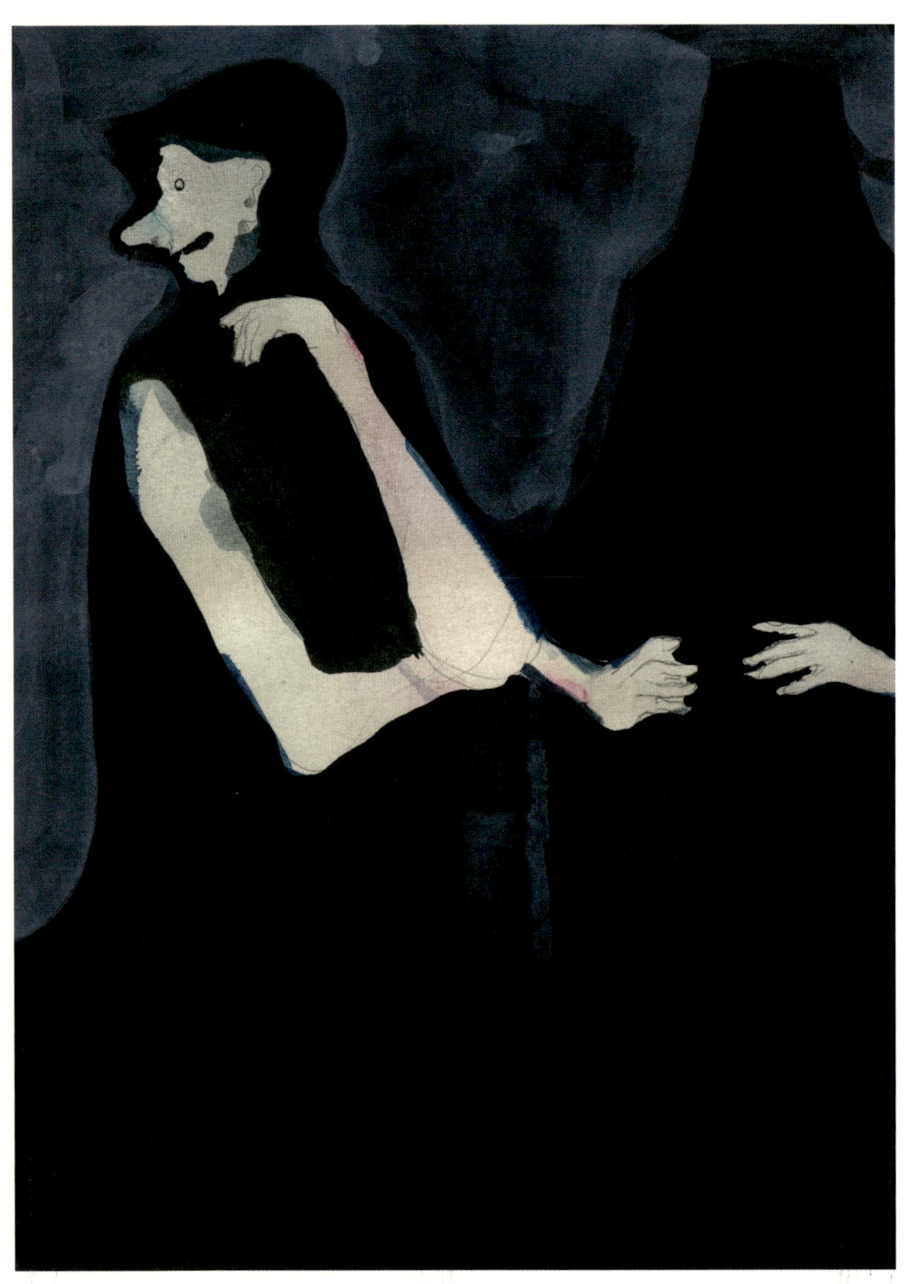

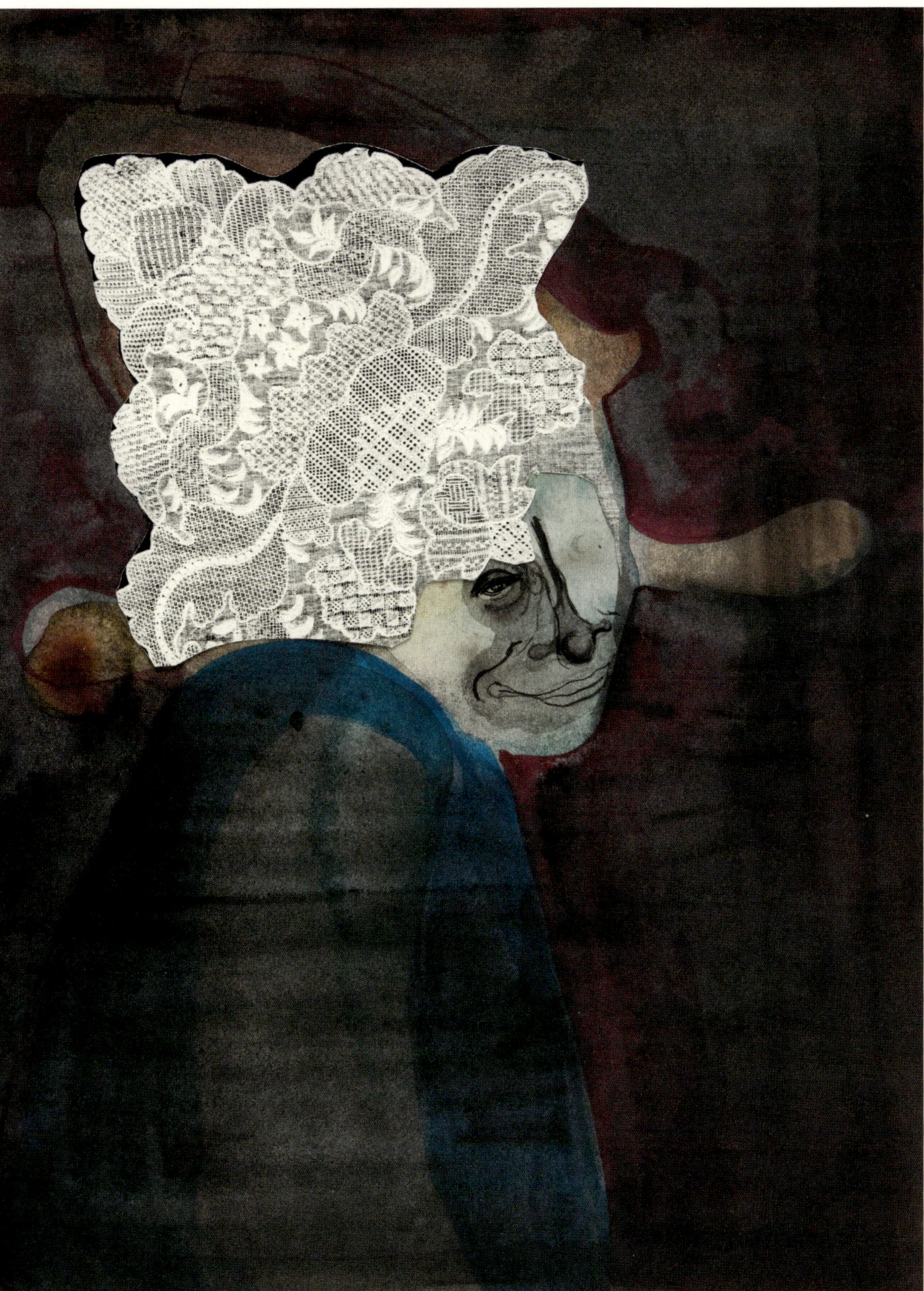

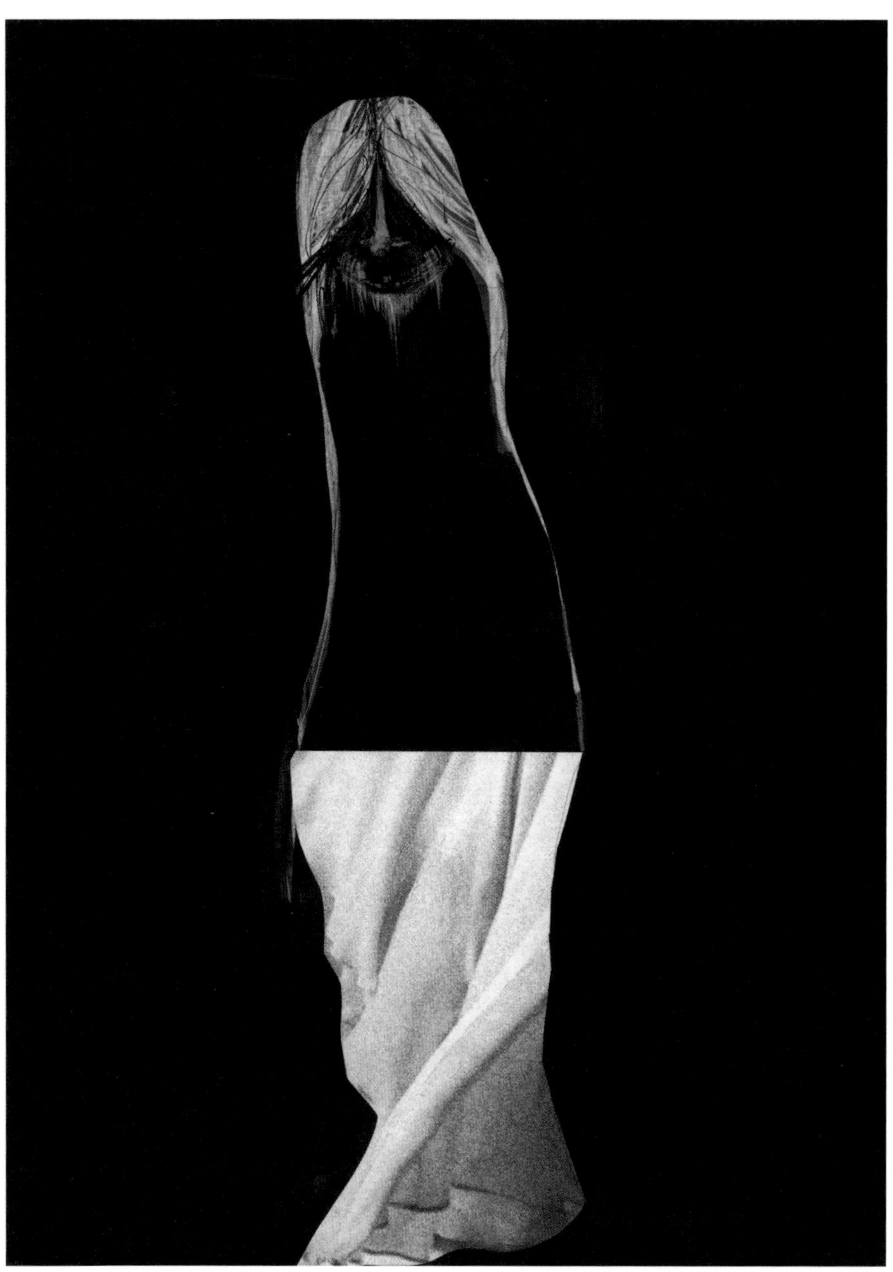

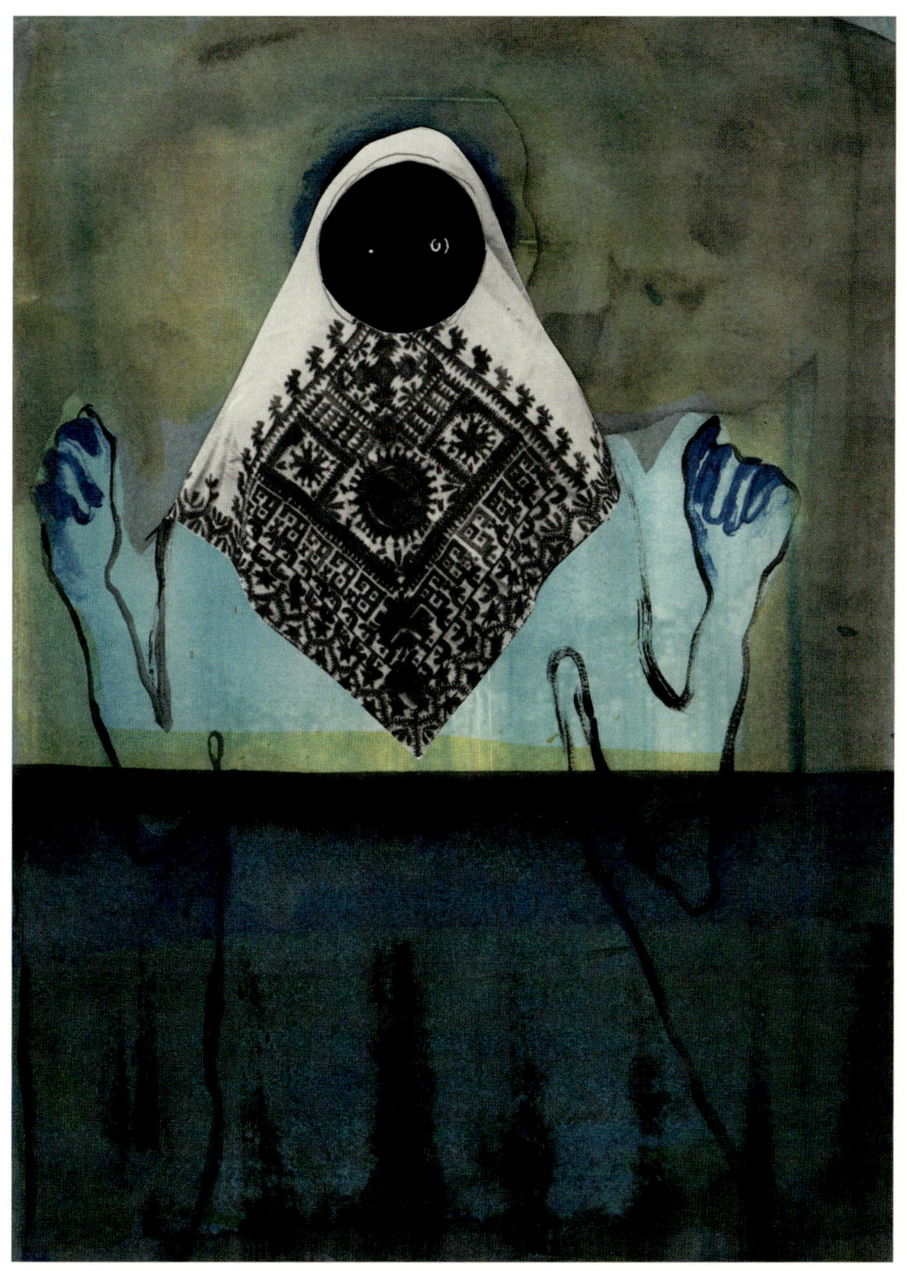

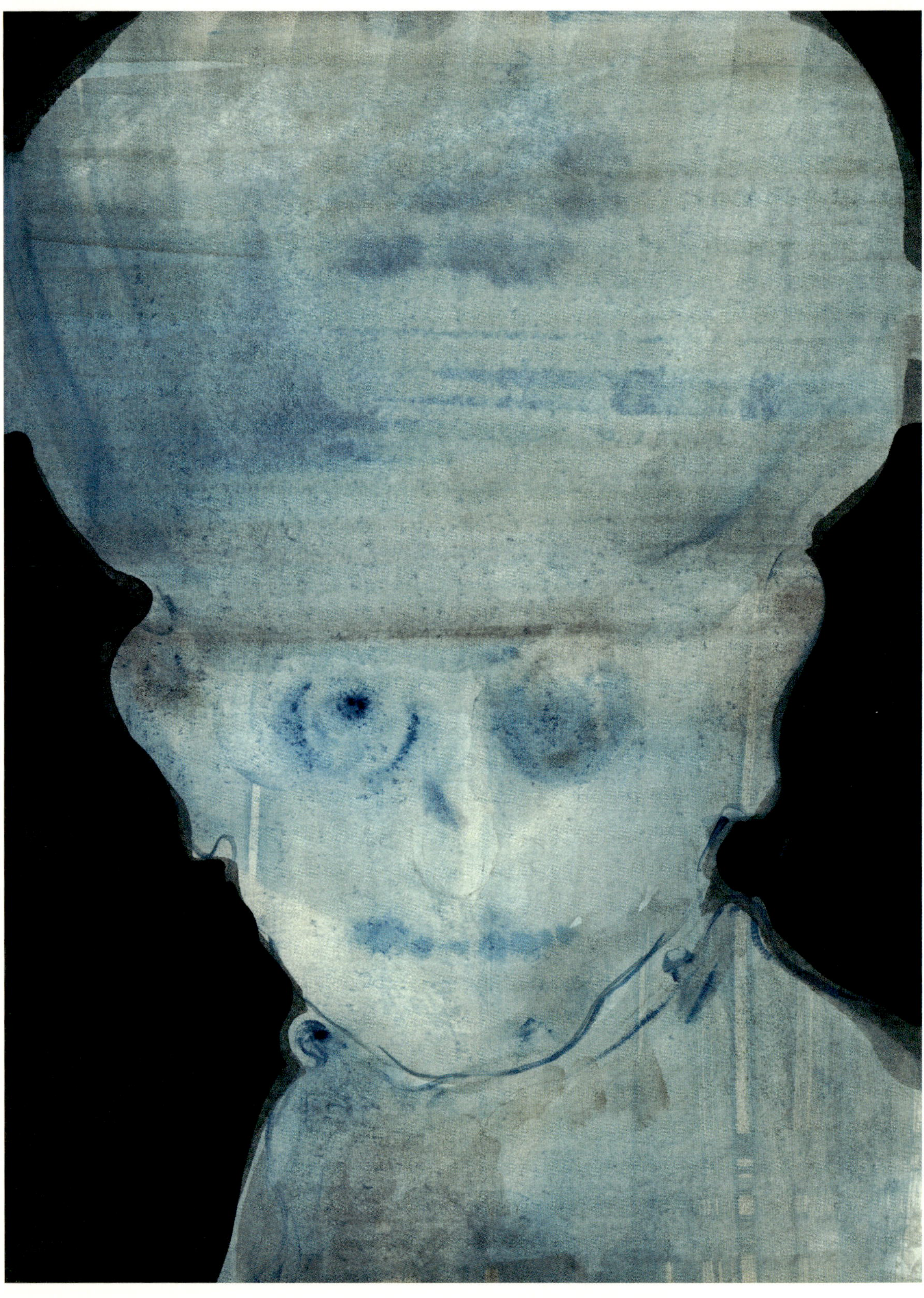

Alexander B. Eiling

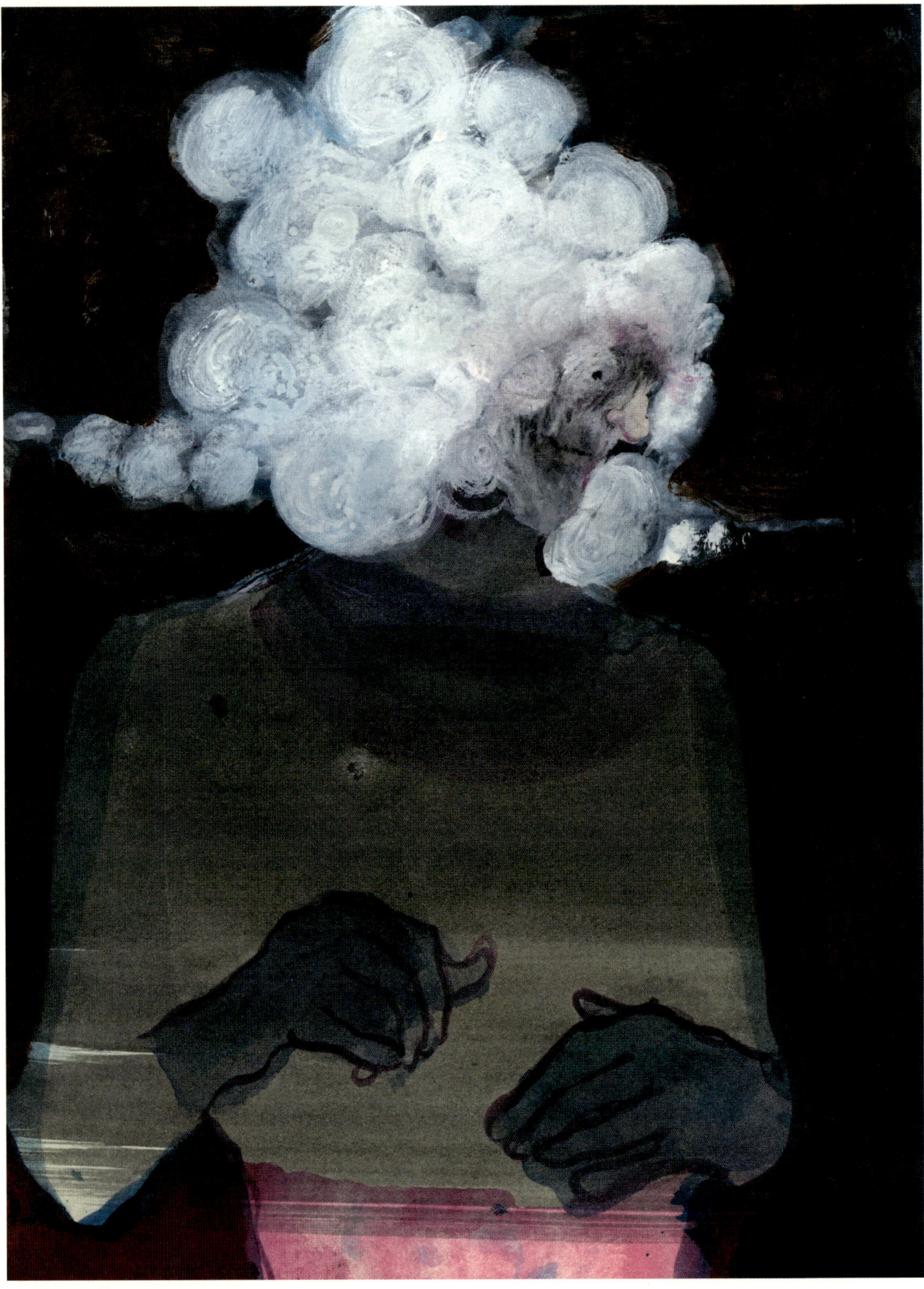

The story sounds almost too good to be true. Two brothers from Transylvania living in Cologne conquer the Museum of Modern Art in New York with their huge folksy woodcuts. These catchphrases occur repeatedly in the reports and articles on Gert and Uwe Tobias that have been circulating in feature pages and the art world over the last few years, and they have substantially restricted the way these artists and their work have been regarded.[1] Meantime, the two men have mounted an impressive series of exhibitions in which they repeatedly flirt with the Dracula myth of their homeland and in so doing ironically challenge our stereotypical ideas of what makes the Carpathians truly exotic.[2] Alongside the woodcuts, they have also created small drawings that stand out on account of their varied and innovative use of media, which includes acrylic paints, ballpoint pen and collage on the one hand, and plain typewriter characters on the other. Both sets of artworks constitute two largely independent groups of work within the brothers' oeuvre and are central to the following analysis.

The term "drawing" really does not do justice to these sheets of acrylic paint-saturated paper. Layer by layer, these artists

1 cf. Tim Ackermann, "Ein Vampir kommt selten allein", in: *Monopol*, No. 8, 2007, pp. 63–68; Ingeborg Ruthe, "Zeichen aus der Zwillingswerkstatt. Die Siebenbürgischen Tobias-Brüder machen den Kunstmarkt wild. In New York and Berlin", in: *Berliner Zeitung*, December 18, 2007, p. 25.
2 i.a. Stefan Gronert and Matthia Löbke, *Gert & Uwe Tobias*, Exhibition Catalogue Kunstmuseum Bonn, Cologne 2008; Kestnergesellschaft Hannover (ed.), *Gert & Uwe Tobias*, Cologne 2009; Anita Shah and Gerald Matt, *Gert & Uwe Tobias*, Exhibition Catalogue Museum Franz Gertsch, Burgdorf, Cologne 2009.

have applied pigments, then soaked them and brushed them off again until they have achieved atmospherically dense shapes made up of different tonal values, which produce a painted effect. These form an evocative context for a panorama of bizarre figures whose features are literally etched into the paper with ballpoint pens or crayons: hideous podgy, gurning faces, doll-like bodies and thin pillar-like totem poles made of different elements which appear eerily isolated against theses multi-layered and carefully structured backgrounds (Ill. 1). These figures in all their diversity feature in a whole series of archetypes, which are constantly appearing in new combinations and thereby impinging on the viewer's overall impression: the motifs include a farmer's wife, a harlequin with a fool's cap and a lank-haired figure with a distended neck and a vase-shaped body; alongside these feature, a series of half human, half animal figures, and some many-headed figures wearing traditional Eastern European outerwear. These figures are frequently depicted as couples, though the relationship is not particularly clear at first glance. In one instance, they appear to be expressing subliminal polar tensions, in another they are affecting poses taken from the fashion magazines that the artists were using as a model.

In these works, the Tobias brothers appear to have engaged in a playful caprice by creating a number of grotesque encounters involving a repertoire of figures that they have carefully developed as sketches over many years, and have since been running them through a range of different techniques. All this is presented in an odd juxtaposition of precise description and the evocation of an indeterminate element, modulated especially by the many layers of paint: the result is a tension between a childishly playful joy in creation and the unease that is generated when confronted by scenarios that reject any narrative or iconographic context. In this they spontaneously evoke drawings by Francisco de Goya, James Ensor and Edvard Munch, though they seem most closely related to Odilon Redon, whose *Noirs*, the surreal charcoal drawings that date from the 1880s, won him the soubriquet

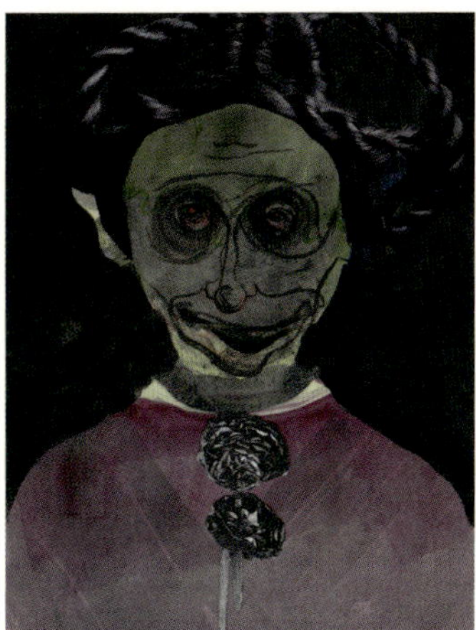

1 **Gert and Uwe Tobias, untitled, mixed media on paper, 2008**

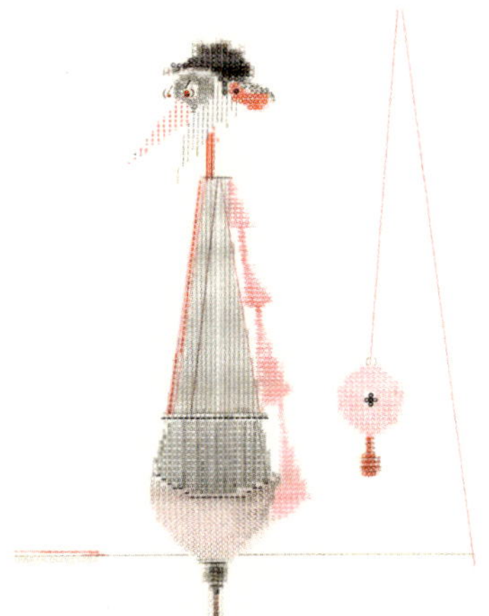

2 **Gert and Uwe Tobias, untitled, typewriter on paper, 2008**

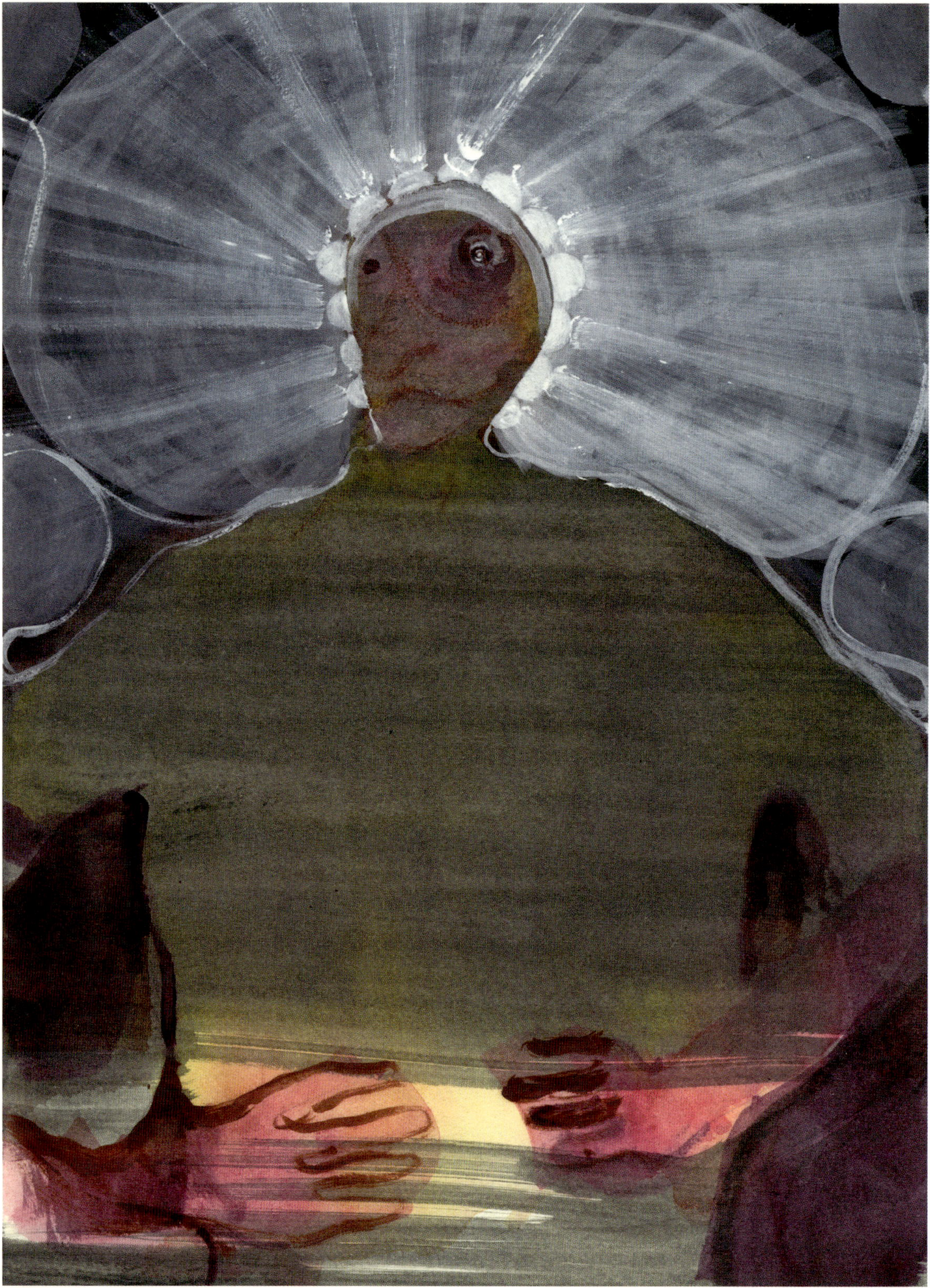

"prince of mysterious dreams", a title which people are now only too pleased to confer on the Tobias Brothers.

Like in a dream, layers of the real and the imagined mingle in the twins' work; heterogeneous subjects combine to form new structures that hint at incoherence and ambiguity. This is supported by the concept that underpins collage, a creative strategy that has been characterised, since its beginnings in the Dada and Surrealist movements, by the combination of ostensibly unconnected elements, which aims to explode and de-familiarise our homogenous representations of space. The Tobias Brothers also use fragments of discarded drawings, and copies or cuttings from magazines or books. Birds' heads, arms and eyes, earthenware pots, fabrics and even whole figures – these are all grist to their artistic mill. However, this confluence of mutually alien realities is not simply done to irritate. The disparity of the materials also makes the viewer more keenly aware of the delicate painterly and graphic structures that the applied elements emerge so clearly from.

Individual typeface letter and punctuation marks also appear in these works, especially in the figures' faces. In fact, Gert and Uwe Tobias have dedicated a whole body of work to this unorthodox artistic technique with their so-called "typewriter drawings" (Ill. 2). However, the term itself could be considered misleading in this case, too. In fact, these images are really prints that have been created by the impact of the typewriter key on red or black typewriter ribbons.

Full stops, commas, the letters X and O, plus and minus signs are arranged into figures, bodies of text, and constructive towers that are distantly reminiscent of the remnants of huge sculptures from the Stalin era. Despite these reduced graphic resources, they have produced extremely complex motifs with a strangely emblematic and dynamic quality that is alien to the medium. The sheets of paper are not clamped into the machine during the process but are constantly moved about so that the compositions are permeated by horizontal and vertical structures.

By using ribbons with different degrees of colour saturation, they have also managed to create shaded effects that bring individual elements of the picture to the fore or push them into the background. The brothers employ only a few characters to give facial expressions and emotions to their precise paper images. By joining or overlapping different sorts of typeface letters and punctuation characters, they have created a highly differentiated and varied text image that is clearly related to embroidery patterns.

This is where these sheets of paper differ from the minimalist typewriter drawings by Carl Andre, the accurately constructed word pictures by Christopher Knowles or the typefaces of concrete poetry that emanate from the printed word, from language. The Tobias Brothers view typeface first and foremost as an arsenal that contains different types of symbols and structures to be freely used at any time.

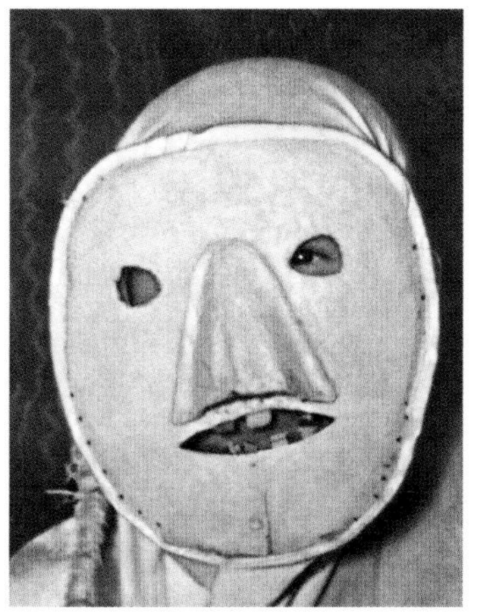

3 **Death Mask from Laliki (Poland), photo dated 1956**

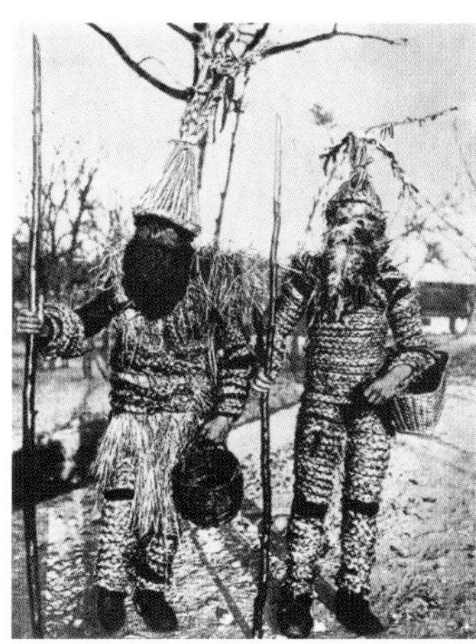

4 ***Lange Kerle* from Dobra (Poland), photo dated 1912**

In this universe of figurative elements and graphic motifs, the distinctive features of East European folk art constitute a constant reference point. Both artists belong to the minority German-speaking ethnic group, and grew up on a farm in Romania. They only moved to Germany when they were 12. They returned to Romania in their twenties, and since then, their penchant for folk traditions and the artistic heritage of their former homeland has been expressed in their work. They have been stimulated by the literature on subjects

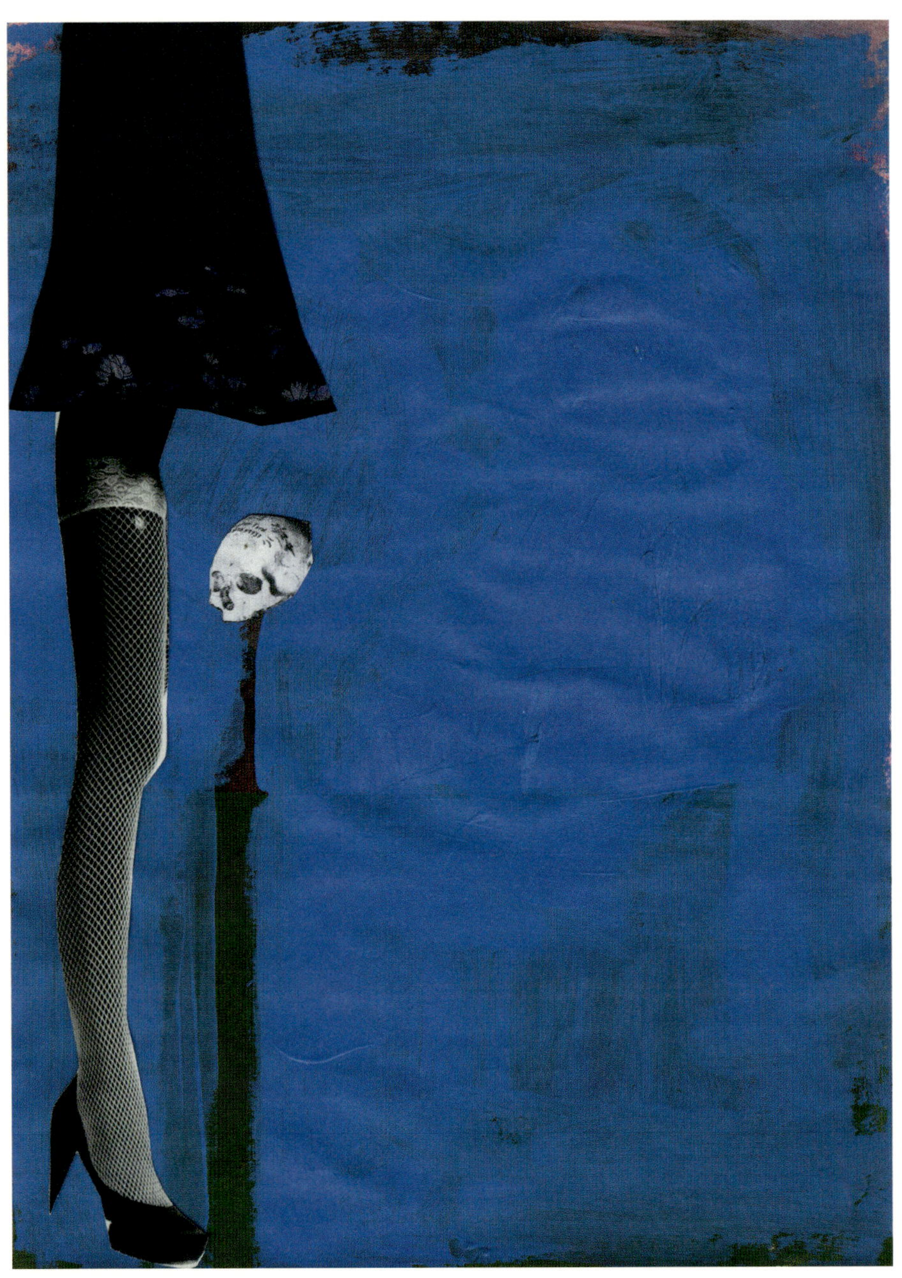

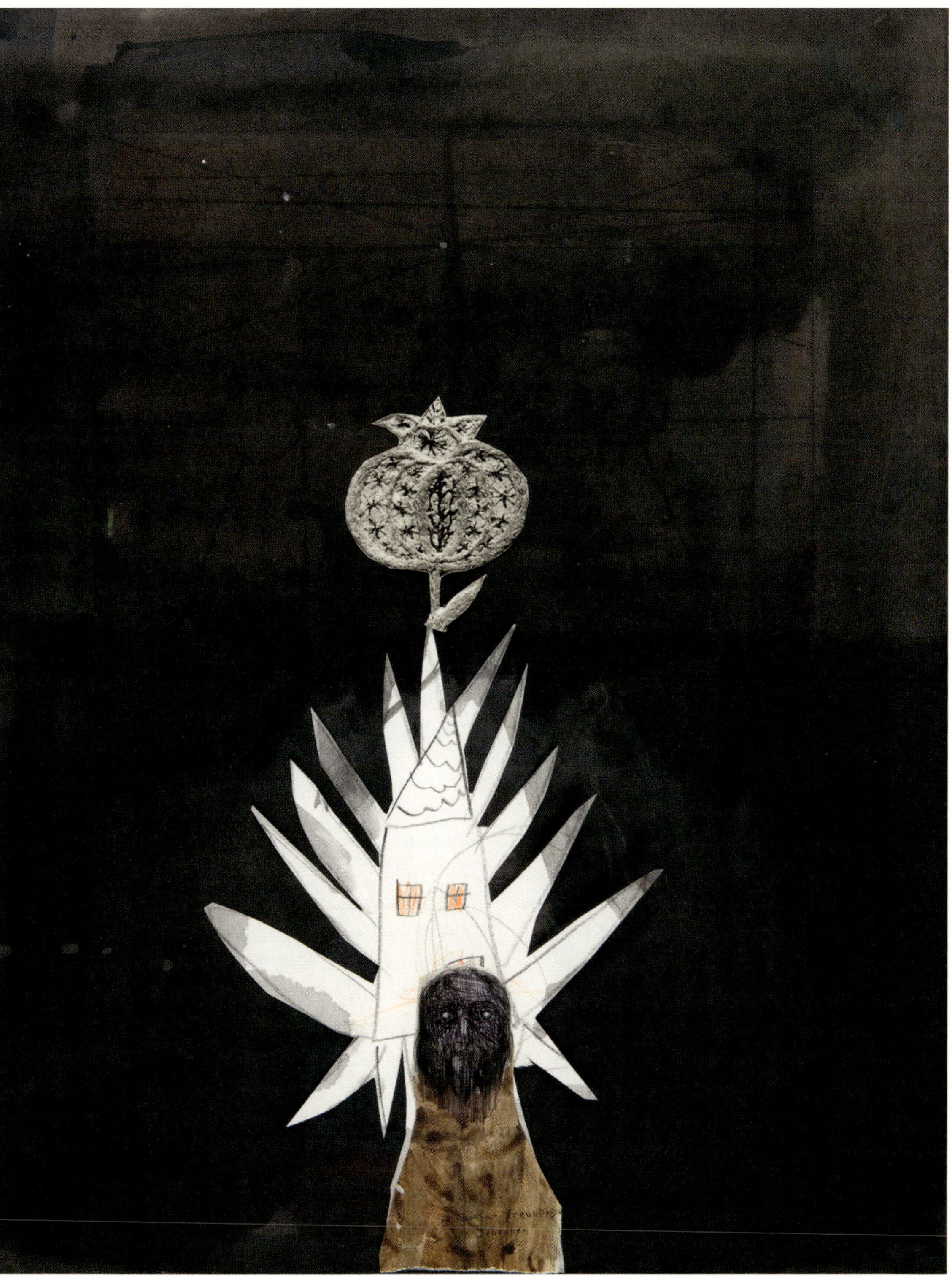

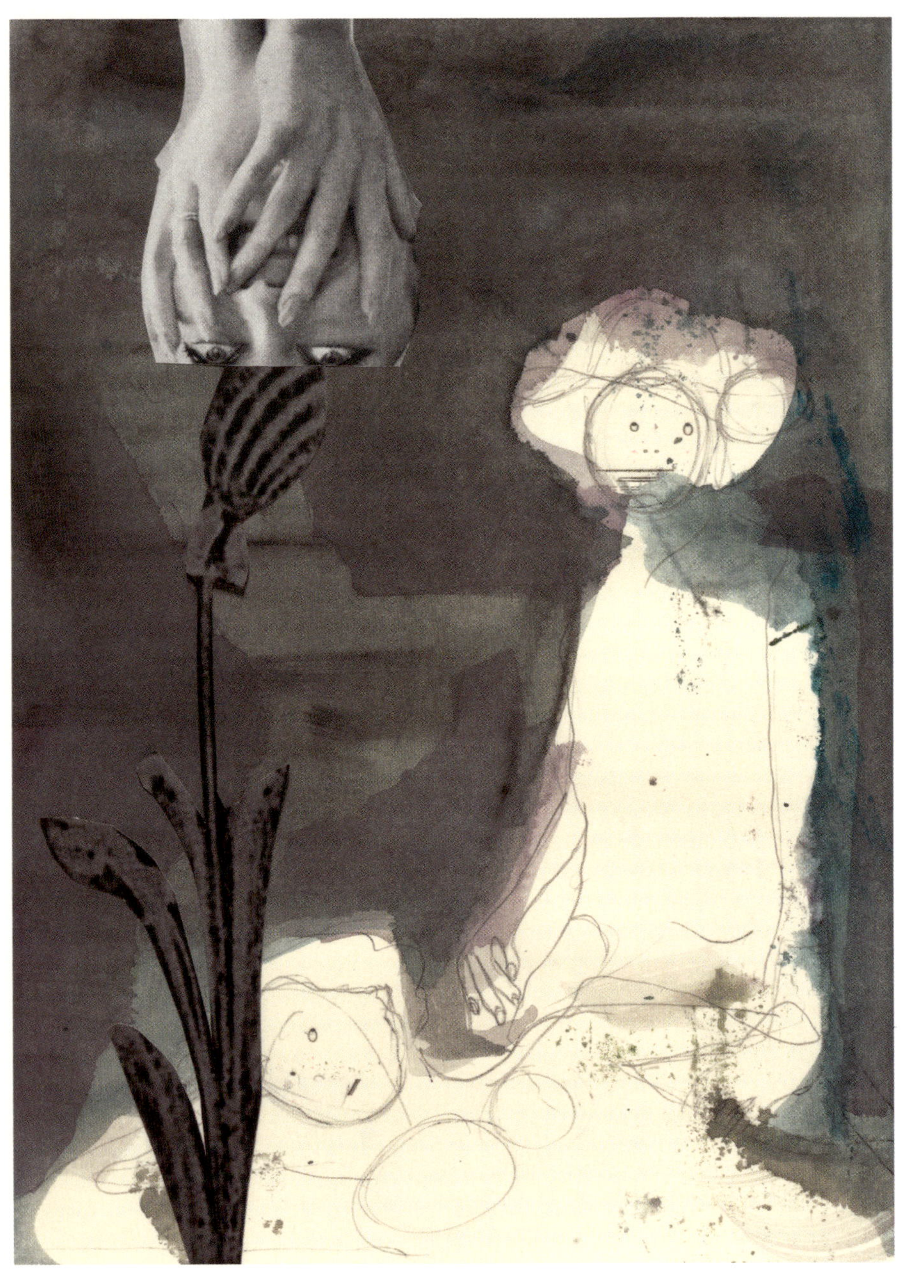

ranging from Saxon Transylvanian embroideries to more geographically remote Polish folk art, from Romanian ceramics to ornamental fibulae and pattern books.[3] Individual components from these books have been copied, cut out and applied, thereby finding their way into their drawings, where they appear every so often as strange relics of another age. Indeed, many of their motifs seem to have been drawn from illustrations in reference books, such as the death mask from Laliki in Poland with its round face, triangular nose, open mouth and conspicuously protruding teeth (Ill. 3) or the almost surreal *Lange Kerle* from Dobra (Ill. 4), whose alien costume alternates folklore and the Wicker Man.

With regard to composition, the artists have also drawn on the stylistic principles of the Slav world. Bright, radiant hues are applied to dark backgrounds to create a prevailing mood of melancholy, and constitute one of the characteristic features of these sheets: we have met them in, inter alia, Russian lacquer work and Wassily Kandinsky's folkloric fairytale scenes.

Further orientation points include their compact treatment and simplification of the forms, their abandonment of individualised subjects, and their use of a static symmetrical composition with a mainly frontal arrangement.

3 i.a. Herta Wilk, *Siebenbürgisch-sächsische Leinenstickereien aus Tartlau*, Bucharest 1974; Aleksander Jackowski and Jadwiga Jarnuskiewiczowa, *Polnische Volkskunst*, Berlin 1968.

The brothers find themselves in the best art-historical company here, because this form of expression was viewed as both original and authentic, and borrowing from it constituted an important starting point for the development of abstraction at the beginning of the twentieth century. From the Russian Avant-Garde to German Expressionism, glass paintings, embroidery and fabric patterns were considered a welcome source of inspiration for artists searching for a way to simplify form while at the same time making heightened use of colour and expression . One of the special qualities of the art of the Tobias Brothers is that they have assimilated influences such as these in the course of their lives, isolated them and woven them dispassionately through their very personal world of ideas and imagination to form an extremely innovative and poetic cosmos of images.

In their technical variety, both groups of work mentioned here are the result of a slow and process-driven development that involves revisions and the continuous exchange of two artistic visions. In this way, the papers are created simultaneously in sets of ten to fifteen and are passed backwards and forwards between Gert and Uwe Tobias several times and developed further until they reach a state somewhere between sketchiness and completion that they both consider aesthetically satisfying. Bob Nickas applied the expression "Cadavre Exquis" (Exquisite Corpse) to this process, a surreal parlour game in which several people construct a

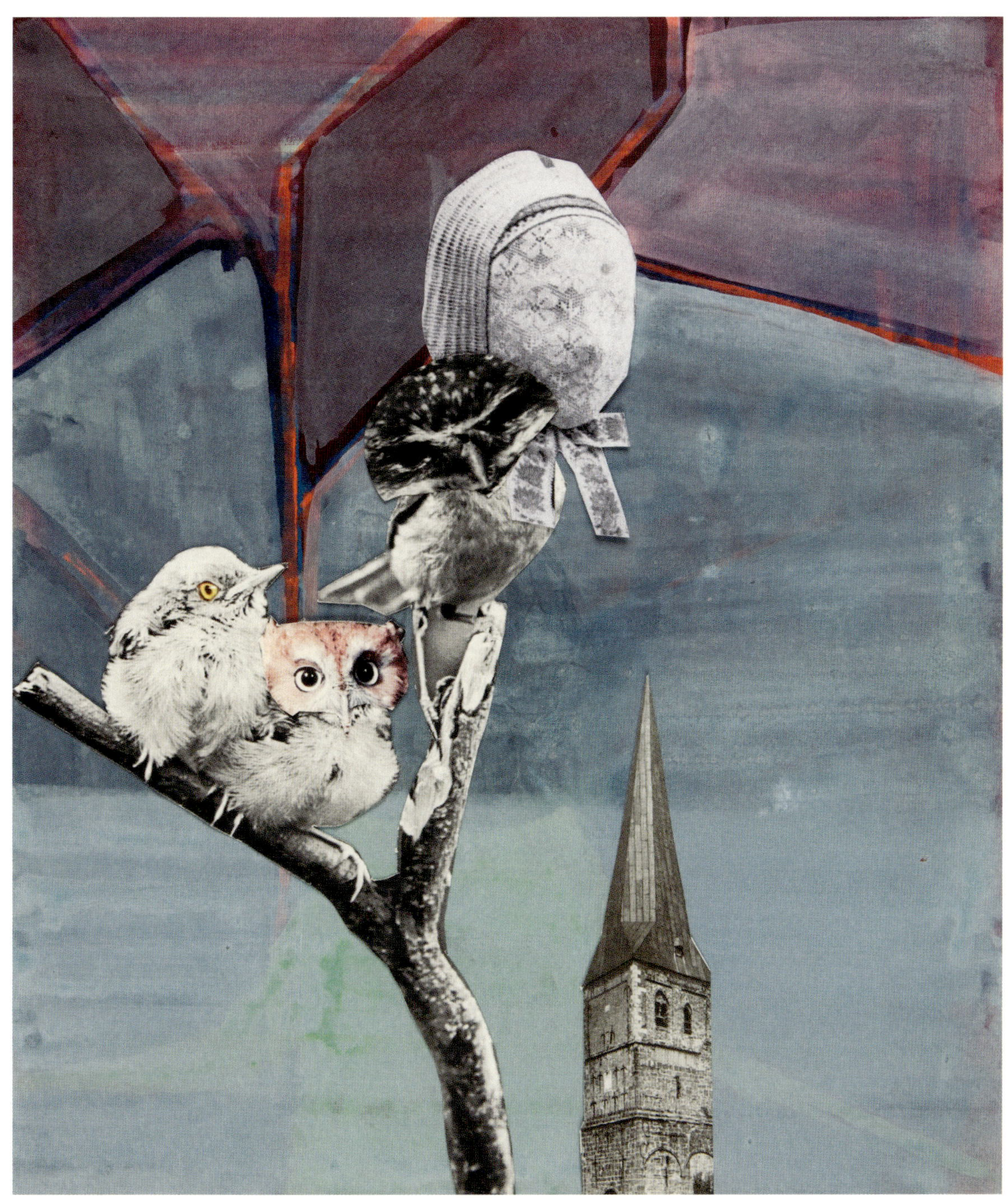

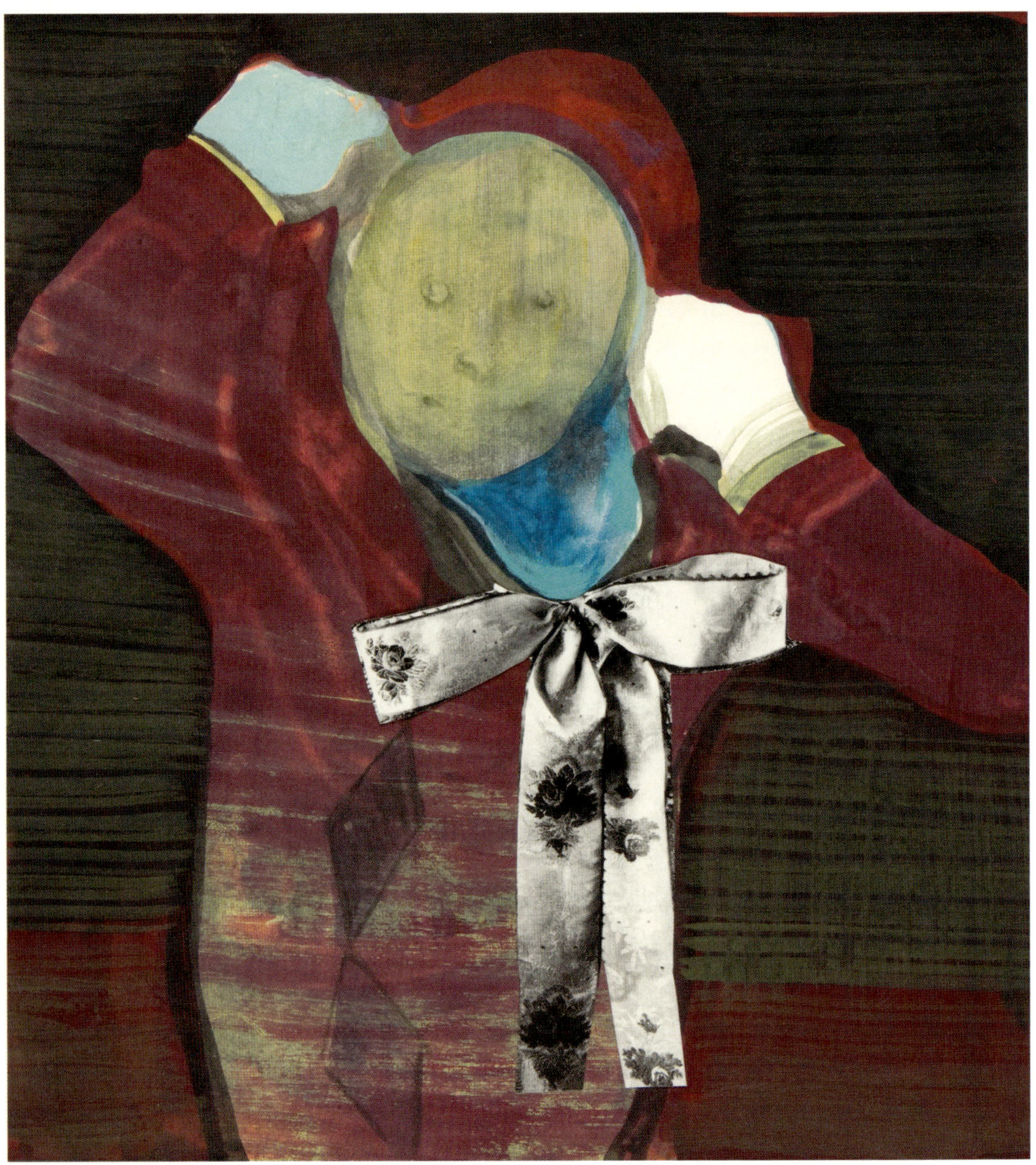

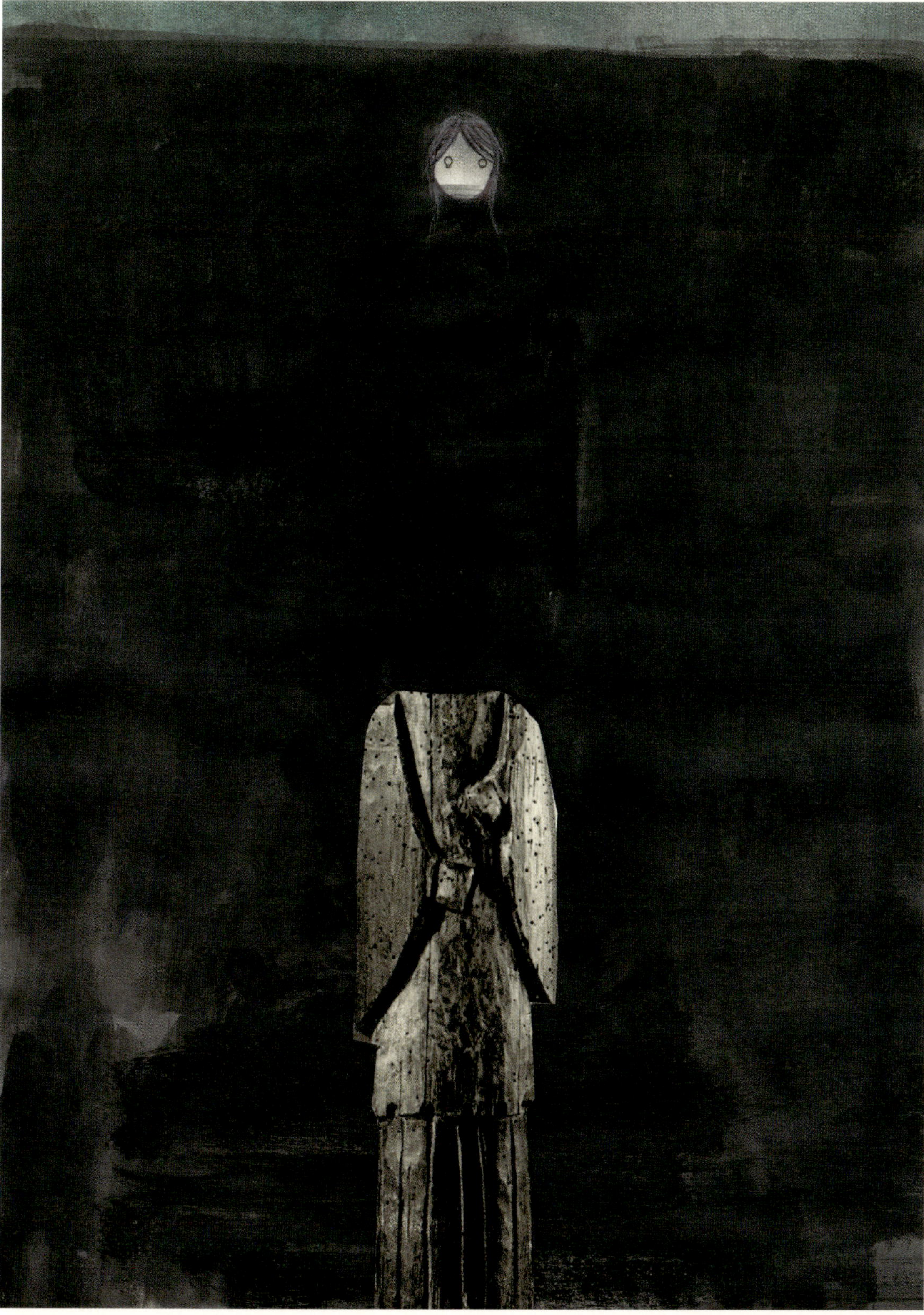

sentence or a drawing without being aware of the previous player's contribution.[4] However, the artistic strategy that this couple has adopted is much more conscious and cannot be compared to a mere game of chance. It is not really possible to attribute a specific art work to one or other of these artists, in the art-historical sense.

Also, unlike the drawings that emanate from the "Cadavre Exquis", these products are characterised by a perfect stylistic homogeneity that certainly does not point to two sets of hands. This joint authorship is remarkable because it calls, not so much for a broad consensus with regard to their aesthetic sensibilities, as for an almost symbiotic approach to creativity.

As a result, the Tobias Brothers' drawings are both an artistic experiment and an autonomous body of work at one and the same time. They open up a cosmos of imagery that has been nourished by the most widely varying influences, and has created an unmistakeable visual language which runs through all the techniques they use. Consequently, it would appear no more than consistent to enable their small-format paper works to be shown in a lively dialogue with the woodcuts – to show how they, so to speak, form the reservoir of these artists' creativity. In these drawings the printed graphics' potential for creating figures is tested

4 Bob Nickas, "Cadavre Exquis", in: *Gert & Uwe Tobias*, Cologne 2007, pp. 86–91, here p. 91.

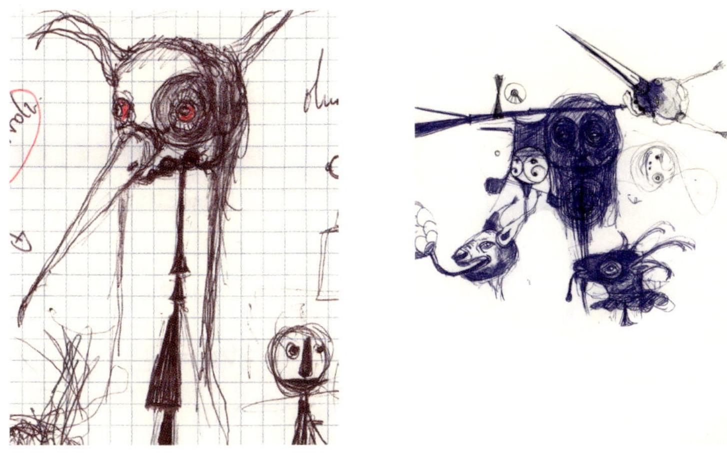

Gert and Uwe Tobias, Sketchbook (details), 2009

and various constellations are played through, in order to determine the most memorable motifs (Ill. 5). From acrylic sheets that resemble paintings to typewriter drawings, an increasingly formal process of stringency and graphic purification can be observed running through the pictures, a process that was also a pre-requisite for the woodcuts. This does not exclude the possibility that this production process will once again come full circle and that the figures in the woodcuts will undergo yet another graphic transformation in order to be creatively rejuvenated and to invent themselves anew.

GERT & UWE TOBIAS

1973 geboren / born in Kronstadt (Brasov), Rumänien / Romania
leben und arbeiten in Köln / live and work in Cologne

Einzelausstellungen / Solo Exhibitions

2010 Nottingham Contemporary, Nottingham
Contemporary Fine Arts, Berlin
Wilhelm-Hack-Museum, Ludwigshafen
Team Gallery, New York
2009 La Conservera, Ceuti/Murcia
The Breeder, Athen / Athens
Collezione Maramotti, Reggio Emilia
»Gert & Uwe Tobias«, kestnergesellschaft, Hannover / Hanover
Griffelkunstvereinigung Hamburg St Pauli, Hamburg
»Die Mappe«, Galerie Rodolphe Janssen, Brüssel / Brussels
»Zurück Nach Vorwärts Zu«, Kunsthalle Wien project space, Wien / Vienna
»Gert & Uwe Tobias«, museum franz gertsch, Burgdorf
2008 Tomio Koyama Gallery, Tokio / Tokyo
»Der Osten im Norden des Westens«, Team Gallery, New York
Kunstmuseum Bonn, Bonn
2007 »projects 86«, Museum of Modern Art, New York
»Utstillingsplakater«, Bergen Kunsthall, gallery No. 5, Bergen
»if you build it they will come«, Brukenthal Museum, Sibiu (Hermannstadt)
»Wohin der Hase läuft«, Galerie Michael Janssen, Berlin
»Nichts brennt an, nichts kocht über«, Kunstverein Heilbronn, Heilbronn
»Die Hora nimmt kein Ende«, Sprüth Magers Projekte, München / Munich
2006 »N.S.,K.A.,C.G.,O.R.,F.Y.«, Galerie Michael Janssen, Köln / Cologne
The Happy Lion, Los Angeles
»Hammer Projects«, UCLA Hammer Museum of Art, Los Angeles
»Welcome«, Galerie Rodolphe Janssen, Brüssel / Brussels

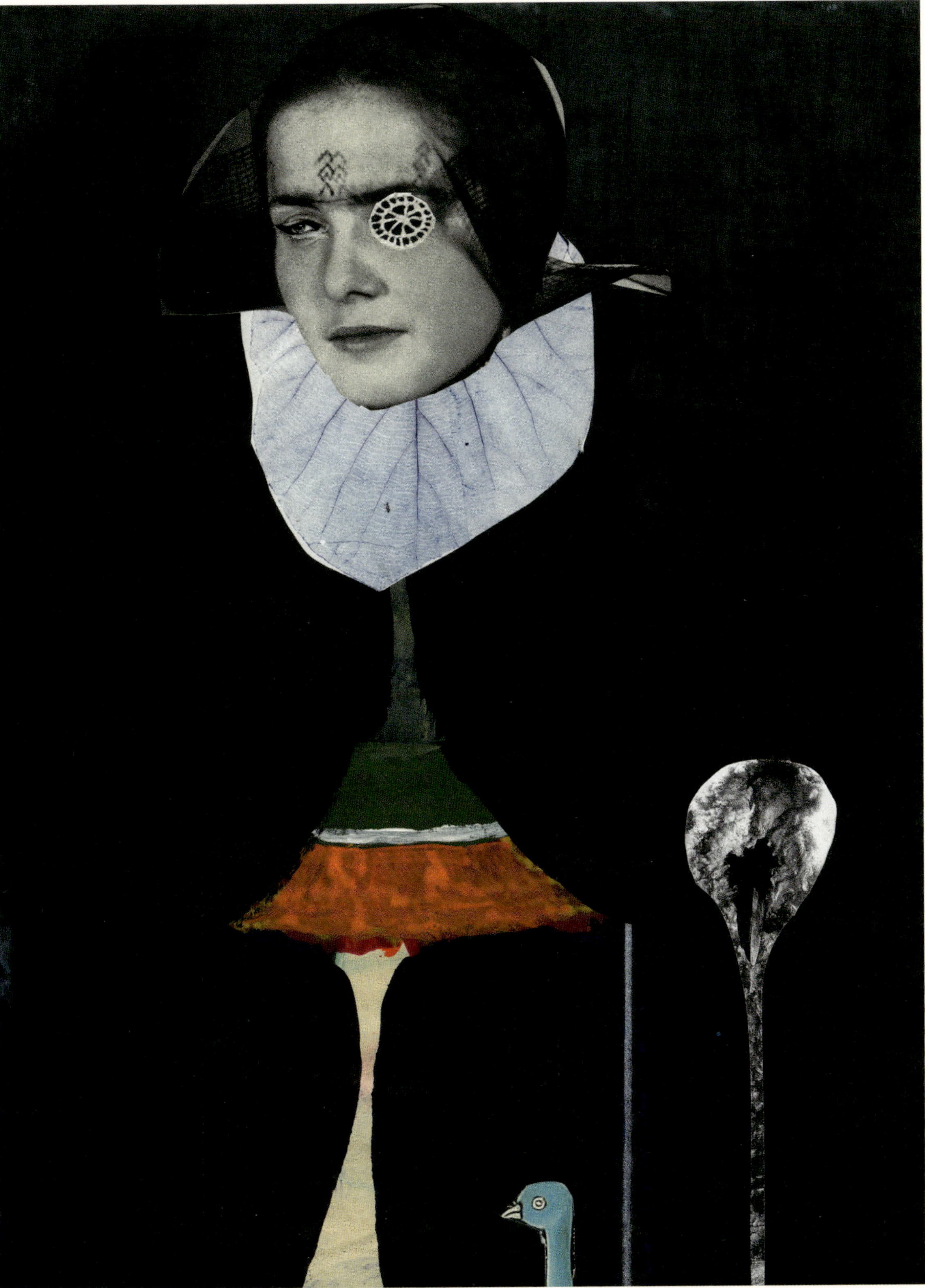

2005 »Roswitha meets Dionysos«, The Breeder, Athen/Athens
»Servus«, Galerie Eva Winkeler, Frankfurt a. M./Frankfurt on the Main
Peter Mertes Stipendium 2004 (mit/with Robert Elfgen), Bonner Kunstverein, Bonn

2004 »COME AND SEE BEFORE THE TOURISTS WILL DO – THE MYSTERY OF TRANSYLVANIA«, Galerie Michael Janssen, Köln/Cologne
»In eigener Sache – oder noch etwas Kaffee, noch etwas Milch«, Kunstgruppe e.V., Köln/Cologne

2003 Schnitt Ausstellungsraum, Köln/Cologne

Gruppenausstellungen / Group Exhibitions

2009 »Sammlung Reloaded«, Kunstmuseum Bonn, Bonn
»Säen und Jäten«, Städtische Galerie Ravensburg, Ravensburg
»State of Mind«, Pinacoteca Giovanni e Marella Agnelli, Turin

2008 »In Holz geschnitten: Werke von Edvard Munch bis heute«, Kunsthalle Emden, Emden
»Abstrakt«, Museum Moderner Kunst Kärnten MMKK, Klagenfurt

2007 »Idylle. Traum und Trugschluss«, Galerie der Stadt Remscheid, Remscheid
»Sublime: Experiences and Perceptions in Contemporary Sculpture«, Pilar Parra & Romeo, Madrid
»Makers and Modelers. Works in Ceramic«, Gladstone Galllery, New York
»50° 06' 36,40" N; 8° 40' 42,24" O«, Galerie Eva Winkeler, Frankfurt a. M./Frankfurt on the Main
»Blood Meridian«, Galerie Michael Janssen, Berlin
»Made in Germany. Aktuelle Kunst aus Deutschland«, Sprengel Museum, Kunstverein und kestnergesellschaft, Hannover/Hanover
»Return to Form«, Patricia Low Contemporary, Gstaad

2006 »M*A*S*H.«, Cottelston Advisor/Michael Sellinger, Miami
»Tauschgeschäft«, Galerie Eva Winkeler, Frankfurt a. M./Frankfurt on the Main
»Idylle. Traum und Trugschluss«, Sammlung Falckenberg, Hamburg
Galerie Rodolphe Janssen, Brüssel/Brussels
»I love my country but I think we should start seeing other people«, Jack Hanley Gallery, San Francisco
»BOISTEROUS!«, Andersen-S Contemporary Art, Kopenhagen/Copenhagen
»Motion on Paper«, Ben Brown Fine Arts, London
»The Monty Hall Problem«, Blum & Poe, Los Angeles
»Loveless«, Team Gallery, New York

2005 »10 Years!«, Galerie Michael Janssen, Köln/Cologne
»Künstlerbrüder – von den Dürers zu den Duchamps«, Haus der Kunst, München/Munich
»7«, Sprüth Magers Lee, London
»dead/undead«, Galerie Six Friedrich & Lisa Ungar, München/Munich
»La Beauté de l'Enfer«, Galerie Rodolphe Janssen, Brüssel/Brussels
»Skulls. Images in the Face of Death«, Schönewald Fine Arts, Xanten
»Der Kunst ihre Räume«, Bonner Kunstverein, Bonn
Galerie Rodolphe Janssen, Brüssel/Brussels

2004 »Werke, die wir schon lange (wieder) einmal sehen wollten«, Elisabeth Kaufmann Galerie, Zürich/Zurich

2003 »Nur vom Feinsten«, Galerie der HBK Braunschweig, Braunschweig/Brunswick
»Identität schreiben«, Galerie für Zeitgenössische Kunst, Leipzig
»Bis ans Ende der Welt«, Kunstverein Konstanz, Konstanz/Constance
»Malerei II Ausstellung Nulldrei«, Galerie Christian Nagel, Köln/Cologne

2002 »X-Wohnungen«, Theater der Welt, Duisburg

2001 »Neue Besen kehren gut«, Städtische Galerie Wolfsburg, Wolfsburg
»Enter«, Kunststiftung Baden-Württemberg, Stuttgart
»Heimaten«, Galerie für Zeitgenössische Kunst, Leipzig
»Germania«, Palazzo delle Papesse Centro Arte Contemporanea, Siena

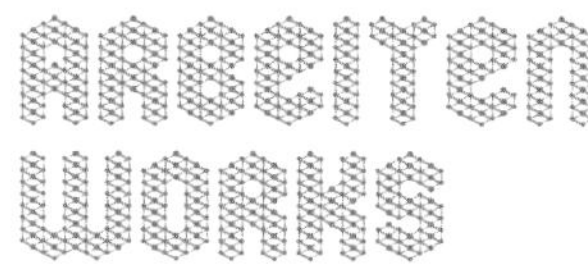

Gert & Uwe Tobias, ohne Titel / untitled,
Mischtechnik auf Papier / mixed media on paper,
Courtesy Contemporary Fine Arts Berlin

1	2009, 29,7 x 21 cm / 11 3/4 x 8 1/4 in.
8	2009, 29,7 x 21 cm / 11 3/4 x 8 1/4 in.
11	2006, 42 x 29,5 cm / 16 1/2 x 11 1/2 in.
14	2009, 29,7 x 21 cm / 11 3/4 x 8 1/4 in.
21	2009, 29,7 x 21 cm / 11 3/4 x 8 1/4 in.
22	2009, 29,7 x 21 cm / 11 3/4 x 8 1/4 in.
25	2009, 29,7 x 21 cm / 11 3/4 x 8 1/4 in.
28	2009, 29,7 x 21 cm / 11 3/4 x 8 1/4 in.
31	2009, 32,8 x 27 cm / 13 x 10 3/4 in.
32	2009, 29,7 x 21 cm / 11 3/4 x 8 1/4 in.
33	2009, 29,7 x 21 cm / 11 3/4 x 8 1/4 in.
34	2009, 37,7 x 29,5 cm / 15 x 8 1/4 in.
35	2009, 29,7 x 21 cm / 11 3/4 x 8 1/4 in.
36	2009, 29,7 x 21 cm / 11 3/4 x 8 1/4 in.
37	2009, 36,7 x 28 cm / 14 1/2 x 11 in.
38	2009, 29,7 x 21 cm / 11 3/4 x 8 1/4 in.
39	2009, 29,7 x 21 cm / 11 3/4 x 8 1/4 in.
40	2009, 29,7 x 21 cm / 11 3/4 x 8 1/4 in.
42	2009, 29,7 x 21 cm / 11 3/4 x 8 1/4 in.
46	2009, 29,7 x 21 cm / 11 3/4 x 8 1/4 in.
50	2009, 29,7 x 21 cm / 11 3/4 x 8 1/4 in.
51	2009, 37 x 28 cm / 14 1/2 x 11 in.
52	2009, 29,7 x 21 cm / 11 3/4 x 8 1/4 in.
55	2009, 35,3 x 29,5 cm / 14 x 11 1/2 in.
56	2009, 33 x 29,5 cm / 13 x 11 1/2 in.
57	2009, 29,7 x 21 cm / 11 3/4 x 8 1/4 in.
61	2009, 29,7 x 21 cm / 11 3/4 x 8 1/4 in.
65	2009, 29,7 x 21 cm / 11 3/4 x 8 1/4 in.

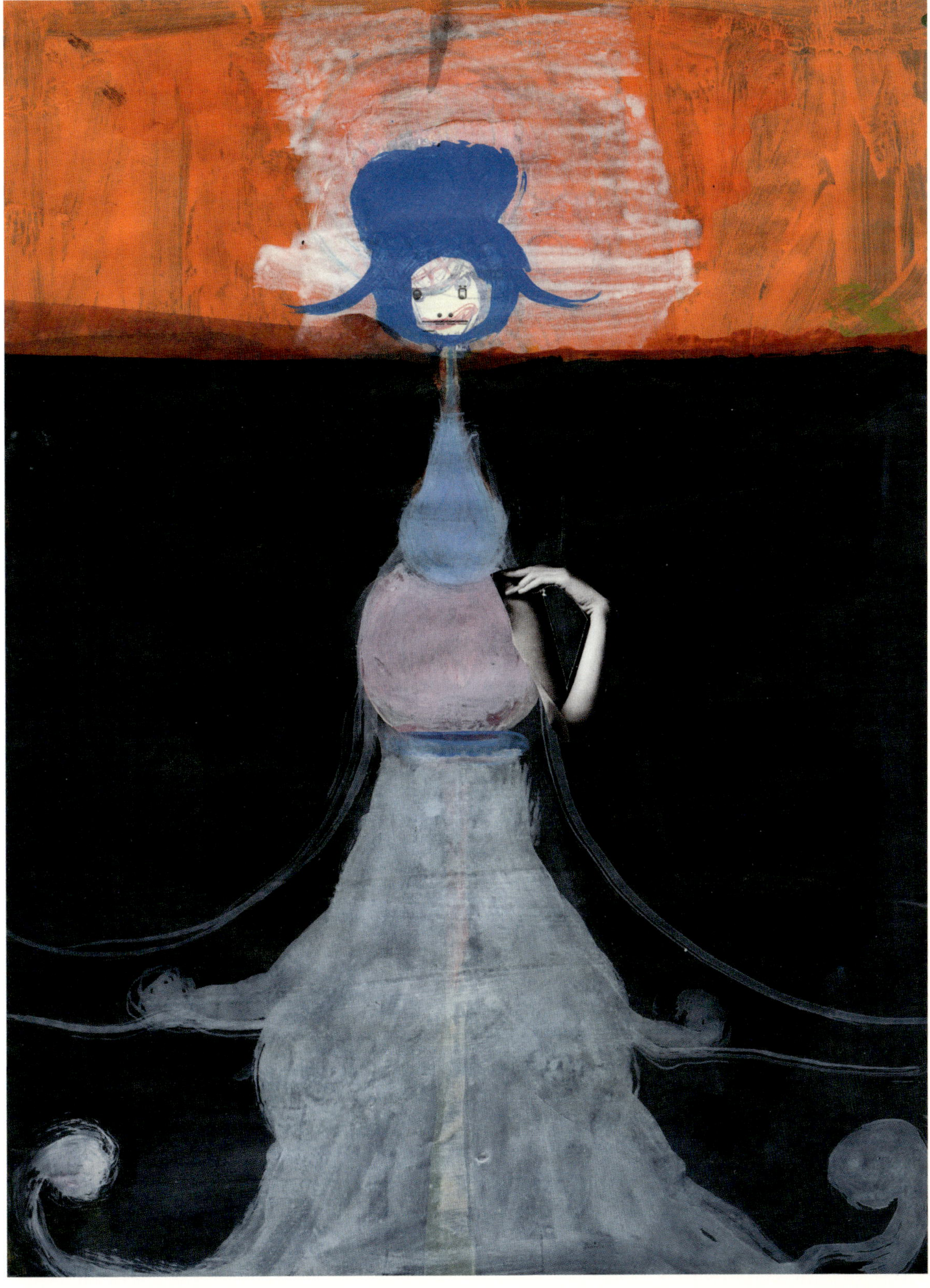

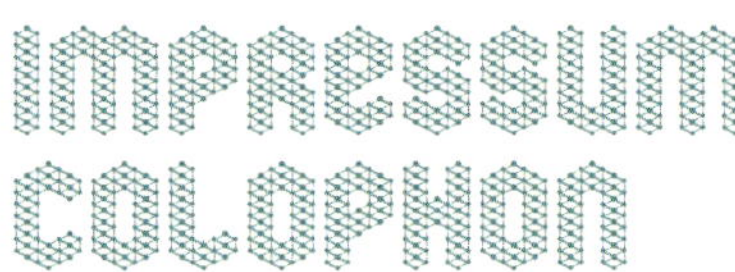

Der Katalog erscheint anlässlich der Ausstellung:
„Gert und Uwe Tobias. Zeichnungen und Collagen“
in der Rudolf-Scharpf-Galerie des Wilhelm-Hack-Museums, Ludwigshafen am Rhein, 16. Januar bis 11. April 2010.

This catalogue is published on the occasion of the exhibition:
“Gert und Uwe Tobias. Zeichnungen und Collagen“
in the Rudolf-Scharpf-Galerie of the Wilhelm-Hack-Museum, Ludwigshafen am Rhein, January 16 to April 11, 2010.

Wilhelm-Hack-Museum
Berliner Str. 23, D-67059 Ludwigshafen am Rhein, www.wilhelmhack.museum

Rudolf-Scharpf-Galerie
Projektgalerie des Wilhelm-Hack-Museums für junge Kunst
Hemshof Str. 54, D-67063 Ludwigshafen am Rhein

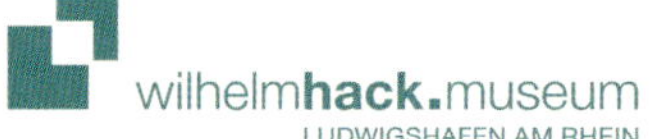

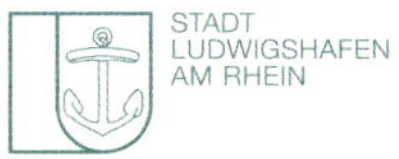

Mit freundlicher Unterstützung der / Kindly supported by

Wir für hier.
VR Bank
Rhein-Neckar eG

Herausgeber / Editors
Reinhard Spieler und / and Alexander B. Eiling

Ausstellung und Katalog / Exhibition and catalogue
Alexander B. Eiling

Projektassistenz / Assistant
Kerstin Skrobanek

Kunstvermittlung, Presse- und Öffentlichkeitsarbeit /
Art mediation, press and public relations
Theresia Kiefer

Marketing
Judith Elisabeth Weiss